Stundenblätter
„Effi Briest“

Hanns-Peter Reisner / Rainer Siegle

Stundenblätter „Effi Briest“

33 Seiten Beilage

Ernst Klett Verlag
für Wissen und Bildung

Reihe: Stundenblätter Deutsch
Herausgeber dieses Heftes: Jürgen Wolff

In der Klett-Reihe Editionen für den Literaturunterricht ist erschienen:
Theodor Fontane „Effi Briest“. Text mit Materialien. Materialien ausgewählt und eingeleitet von Hanns-Peter Reisner und Rainer Siegle. Klett-Nummer 35181

CIP-Titelaufnahme der Deutschen Bibliothek

Reisner, Hanns-Peter:
Stundenblätter „Effi Briest“ / Hanns-Peter Reisner; Rainer Siegle. –
2. Aufl. – Stuttgart: Klett, 1990
(Reihe: Stundenblätter Deutsch)
ISBN 3-12-927324-7

2. Auflage 1990

Satz: G. Müller, Heilbronn; Wilhelm Röck, Weinsberg
Druck: Wilhelm Röck, Weinsberg
Einbandgestaltung: Zembsch' Werkstatt, München
ISBN 3-12-927324-7

Inhalt

Vorwort

Ein Stoff aus der *Chronique scandaleuse* der Berliner Gesellschaft der 80er Jahre des vorigen Jahrhunderts, die Ehebruchsaffäre eines gewissen Rittmeisters Armand von Ardenne, seiner Ehefrau Elisabeth geb. von Plotho und deren Geliebten namens Emil Hartwich, der im Duell mit von Ardenne fällt, ein 75jähriger Theodor Fontane, der aus dieser Vorlage einen 300seitigen Eheroman der ‚guten Gesellschaft' gestaltet – muß es da nicht wie eine *Didactique scandaleuse* anmuten, wenn dies Gegenstand eines 19stündigen Unterrichtsmodells sein soll, zu exerzieren mit, durch und zuweilen auch ‚an' 17–19jährigen Schülerinnen und Schülern der heutigen Generation? Hinweise auf „Lesewiderstände" gegenüber Fontanes Romanwerk in der Schule gehören fast schon zum Standardrepertoire didaktischer Vorüberlegungen (1). In der Tat rechtfertigt auf den ersten Blick wenig eine so intensive Auseinandersetzung mit *einem* Beispiel aus Fontanes „hochdifferenziertem Alterswerk" (2). Handlungsarmut, epische Breite, gesellschaftliche Begrenztheit des Figurenarsenals auf den märkisch-pommerschen Adel, gesellschaftspolitische Indifferenz, ja sogar „Konservatismus" (3) des Autors Fontane, das sind Bedenken und Bedenklichkeiten, wenn in der Fontane-Literatur von „Effi Briest" die Rede ist, und all dies sollte nicht davon abhalten, wenigstens bei der Unterrichtsbesprechung dem kursorischen Überblick und der Kürze den Vorzug zu geben?
Die Stundenblattautoren meinen „nein", und dies nicht nur aus der eigenen Lese- und Unterrichtserfahrung mit „Effi Briest". Die Faszination dieses sicherlich meistgelesenen Fontane-Romans liegt hinter den Mühen der einmaligen Romanlektüre. Für vordergründige, an massenmedialer Bilderflut und ihrer Austauschbarkeit orientierte Rezeptionsweisen muß dies eine besondere Herausforderung sein. Soll mehr bewußt gemacht werden als die dürre epische Fabel einer, wie es Fontane selbst formulierte, „Ehebruchsgeschichte wie hundert andere mehr" (4), so muß in der Erziehung zum genauen Lesen, die keinesfalls die Leselust beeinträchtigen muß, ein zentrales Lernziel bei der Auseinandersetzung mit „Effi Briest" im Unterricht liegen. Vor allem weil sich Fontane in diesem Roman als souveräner Erzähler zeigt, der in einem Geflecht von vielschichtigen Verweisen und mittels differenzierter literarischer Techniken eine überschaubare Handlung entwickelt, wird vom Leser Spürsinn fürs Detail erwartet. Was vorrangig den zeitgenössischen Publikumserfolg „Effi Briests" ausgemacht hat und Fontane den „erste(n) wirkliche(n) Erfolg, den ich mit einem Roman habe" (5) eingebracht hat, war neben der skandalumwitterten Bekanntheit der Ardenne-Geschichte auch der Unterhaltungscharakter der Fontaneschen Romane aus der feinen Gesellschaft. So gesehen, haben sich die Lesevoraussetzungen gegenüber der aktuellen Schullektüre gründlich geändert. Was die literarischen Qualitäten „Effi Briests" betrifft, so galt und gilt auch hier, was Carin Liesenhoff im Zusammenhang mit Fontanes gesamtem Romanwerk wie folgt umschrieben hat:

„Fontanes Romane erlauben zwei Lesarten, die auch mit den zwei verschiedenen Publika – dem Gros des Lesepublikums der unterhaltenden Zeitschriften einerseits und dem kleinen Kennerpublikum der Rezensenten, Kritiker und Literaturengagierten andererseits – korrespondieren: sie lassen sich einmal als Unterhaltungsliteratur mit Berliner Lokalkolorit lesen, ein andermal als artifizielle epische Gebäude, die durch die Erzähltechniken der Rollendistanz, der Ironie, der Parallelisierung und Kontrastierung von Handlungsabläufen weit über die Unterhaltungs- und Trivialliteratur seiner Zeit hinausgehen." (6)

Gelänge es im Unterricht, beiden Lesarten zugleich gerecht zu werden, so bliebe außer der Arbeit am Text auch noch die Faszination über diesen Text in Erinnerung.

Die Beschäftigung mit den vielfältigen Variationen fiktionalen Erzählens, ohne die es bei der Analyse von „Effi Briest" nicht geht, sollte allerdings eines nicht außer acht lassen. So wenig das „artifizielle epische Gebäude" Selbstzweck ist, so wenig taugen umfassende Aufzählungen bestimmter Erzählperspektiven, Motivketten, Andeutungsverweise, Ironiesignale, wenn sie nicht auf ihre Aussagefunktion hin untersucht werden können.

Die letzte Vorbemerkung gilt der bereits erwähnten gesellschaftspolitischen Indifferenz, die Fontane gerade auch im Hinblick auf „Effi Briest" zuweilen unterstellt wird. Wer aufgrund bestimmter Etikettierungen wie Gesellschaftsroman oder sozialer Roman Bekenntnishaftes erwartet, sieht sich in Fontanes Werk enttäuscht. Nicht am Maß der Direktheit, gar der dezidierten Parole darf sein Engagement gemessen werden. Die Gesellschaftlichkeit seiner Romane spiegelt sich zu allererst in den Bewußtseinsstrukturen seiner Figuren. Diese Strukturen hinter der akribischen Erzählerbeschreibung und den Sprechweisen aller Personen erst freizulegen, ist Aufgabe des Unterrichts. Ziel ist dabei auch, bei aller historischen und ständischen Gebundenheit von Werthaltungen und Einstellung in „Effi Briest" nach möglichen Traditionskonstanten zu fragen, die die Selbstverwirklichung des Individuums, vor allem der Frau, in der Partnerbeziehung wie in der Gesellschaft erschweren.

„Das wird der beste Roman sein, dessen Gestalten sich in die Gestalten des wirklichen Lebens einreihen, so daß wir in Erinnerung an eine bestimmte Lebensepoche nicht mehr genau wissen, ob es gelebte oder gelesen Figuren waren, ähnlich wie manche Träume sich unserer mit gleicher Gewalt bemächtigen, wie die Wirklichkeit" (Theodor Fontane). (7)

Anmerkungen

(1) vgl. z. B. H. Tippkötter: Theodor Fontanes Zeitromane im Kursunterricht der Sekundarstufe II. In: DU Jg. 29, H. 4 (August 1977, S. 39/40).

(2) Thomas Mann: Die Kunst des Romans. Gesammelte Werke Bd. 10, 1960, S. 360.

(3) H. A. Glaser: Theodor Fontane. Effi Briest. Im Hinblick auf Emma Bovary und andere. In: Romane und Erzählungen des bürgerlichen Realismus. Hrsg. H. Denkler, Stuttgart 1980, S. 375.

(4) Theodor Fontane an Friedrich Spielhagen. Brief vom 21. Feb. 1896. In: Fontanes Briefe in zwei Bänden. Ausg. und erläut. von G. Erler, 1. A. Berlin/Weimar 1968, Bd. 2, S. 394f.

(5) Tagebucheintragung Fontanes 1895, zit. nach: Das Fontane-Buch. Hrsg. E. Heilborn. Berlin 1919, S. 192f.

(6) Carin Liesenhoff: Fontane und das literarische Leben seiner Zeit. S. 66.

(7) Theodor Fontane: Der Zug nach dem Westen. In: Werke, Schriften und Briefe, hrsg. W. Keitel u. H. Nürnberger, München 1973, Abt. III, Bd. 1, S. 568f.

Anmerkungen zur Konzeption der Unterrichtseinheit

1. Es ist sinnvoll, die Romanlektüre durch die Schüler auf maximal 14 Tage vor Unterrichtsbesprechung zu begrenzen.

2. Die Lektüre bedarf keiner Leitfragen.

3. Es bietet sich an, die Phase häuslicher Lektüre durch eine Einführung (oder Wiederholung) in die Formen fiktionalen Erzählens im Unterricht zu ergänzen. Eine solche ca. 6stündige Einheit hätte an ausgewählten Romanauszügen (etwa Romananfängen, Romanschlüssen, Schlüsselstellen) Möglichkeiten aufzuzeigen, wie epische Texte interpretiert werden können. Dabei käme es vor allem auf den sicheren Gebrauch eines Analyseinstrumentariums für eine textimmanente Betrachtungsweise an. Personen, Handlungen, Zeitumstände, Schauplätze sollten als strukturierende äußere Gliederungsgesichtspunkte eines Romans genauso erfaßt werden können, wie differenzierte literarische Techniken im Bereich der Erzählperspektive, der Zeitgestaltung, der kommunikativen Darstellungsformen (Erzählerbericht – erlebte Rede – innerer Monolog etc.) und der sprachlich-stilistischen Gestaltung.
Neben Auszügen aus den Klassikern der Erzähltheorie (vor allem F. K. Stanzel u. E. Lämmert) kann bei einer solchen vorbereitenden Unterrichtseinheit vor allem auf folgende Materialien zurückgegriffen werden:
– E. Hermes: Erzählende Prosa (Klett Abiturwissen Deutsch). 1985.
– G. Köpf (Hg.): Erzählen 1 und Erzählen 3 (Studientexte für die Kollegstufe). Oldenbourg 1978/1979
– J. Vogt: Aspekte erzählender Prosa. Opladen. 4. A. 1979

4. Der Blick über Fontanes „Effi Briest" hinaus in die europäische Literatur des 19. Jahrhundert ist wünschenswert, fast faszinierend-zwingend. Das Unterrichtsmodell skizziert an zwei Beispielen Ansätze zum Romanvergleich. Die Verknüpfung von Ehe- und Gesellschaftsroman im 19. Jahrhundert wäre zu untersuchen an Goethe: Die Wahlverwandtschaften, Flaubert: Madame Bovary, Tolstoi: Anna Karenina, Fontane: Effi Briest und L'Adultera. Freiwillige Lektüre, mehr kann hier nicht verlangt werden, bestimmt die Möglichkeiten eines solchen Vergleichs. Die Freiwilligkeit wächst mit dem Maß an Notwendigkeit, das die/der Unterrichtende einem solchen Romanvergleich selbst zumißt.

Übersicht über die Unterrichtseinheit

Textgrundlage (Schwerpunkt)	Sequenzen	Erweiterungen/Exkurse
	1. Detailgenauigkeit und Vorausdeutung als erzählerische Kunstmittel	Romananfänge in Fontanes Werk
1. Kapitel	1. Std.: Auswertung von Leseeindrücken 2. Std.: Funktion eines „Mangels“ 3. Std.: Roman in Vorausdeutungen	
	2. Die Ehe Briest/Innstetten	
2.–23. Kapitel	4. Std.: Partnerwahl 5. Std.: „Ist es denn der Richtige?“ 6. Std.: Vom Anteil der Mütter an den Ehen der Töchter 7. Std.: „Was ihr in ihrer Ehe eigentlich fehlte“	
	3. Der Chinesenspuk	
6.–15. Kapitel	8. Std.: „Was soll der Chinese?“ 9. Std.: „Als ob es doch etwas sei“ 10. Std.: Effis Spukerlebnis	
	4. Verführung und Ehebruch	Fontane: Effi Briest Flaubert: Madame Bovary Vergleich zweier Verführungsszenen
13.–22. Kapitel	11. Std.: „Aber kommt da nicht Crampas?“ 12. Std.: „Effi, du bist verloren.“	
	5. Roman der Bismarckzeit	Tolstoi: Anna Karenina Fontane: L'Adultera Reaktionen auf den Ehebruch – ein Vergleich
27.–36. Kapitel	13. Std.: Die Entdeckung der Briefe 14. Std.: „Muß es sein?“ – Duellentscheidung 15. Std.: Reaktionen auf den Ehebruch 16. Std.: „Effi Briest“ – Roman des gesellschaftl. Umbruchs? 17. Std.: Schuldfrage – Einsichten und Verblendungen	
	6. Literarische Verfilmungen	
	18./19. Std.: Filmische Umsetzungen des Chinesenmotivs	

Darstellung der Einzelstunden

Sequenz 1: Die Funktion der Details

Schwerpunktsetzungen – Intentionen – Ziele

Das in dieser Sequenz entwickelte didaktische Vorgehen, mag es auch auf den ersten Blick nicht ganz so glanzvoll und originell erscheinen, eröffnet doch der Besprechung eines so umfänglichen Werks längerfristige und tragfähige Perspektiven. Zum einen ist es der zentrale Gedanke einer von den Erkenntnissen der Rezeptionsästhetik beeinflußten Fachdidaktik, daß Literaturunterricht an den ersten Eindrücken der Schüler anzusetzen, sie aufzugreifen, abzuklären und in einem Prozeß der Objektivierung zu korrigieren habe. Wolle der Lehrer die Schüler zu adäquatem Verstehen eines Textes führen, so beispielsweise Jürgen Kreft, so müsse er den Text zunächst zur Kommunikation mit der inneren Natur der Schüler gebrauchen (Kreft 1977, S. 378). Dies bedeutet eben gerade nicht, daß der Lehrer mit vorgefertigten Leitfragen über die Subjektivität der Schüler hinweggeht oder durch motivationserzeugende Arrangements von ihr ablenkt, sondern daß „die Subjektivität, wie borniert sie immer sein mag, in das Verstehen eingehen" soll (ebd., S. 378). Nur so wird Literatur, etwas überspitzt formuliert, nicht zum Erlernen textanalytischer Techniken funktionalisiert, sondern kann ihre „Identität stiftende, handlungsmotivierende Kraft" entfalten (ebd., S. 375).
Wie immer man die Identität stiftende Kraft literarischer Texte auch einschätzt, so ist es zum andern aber auch naheliegend, die Schüler nach einem sich über Wochen erstreckenden, vielleicht gelegentlich qualvollen Lektüreprozeß nach den Erfahrungen, Einstellungen und Vermutungen zu befragen, die sich inzwischen gebildet haben und einer Behandlung des Werks ebenso produktive Impulse verleihen wie sie ihr entgegenstehen können.
Um es gleich jetzt und offen zu sagen: Je nach der vorangegangenen literarischen Sozialisation der Schüler, ihrer Frustrationstoleranz und den bestehenden Gruppennormen muß sich der Lehrer auf gelangweiltes Abwinken, beredte Kritik, vielleicht gar wüste Invektiven gefaßt machen. Anerkennende Worte, wie der literarisch gebildete Lehrer sie erwarten mag, werden, so die Erfahrungen der letzten Jahre, rar sein und eher den antiquarischen Wert des Textes betreffen. Dies zu ignorieren, wäre ebenso falsch, wie die Ruhe zu verlieren und „Effi Briest" voreilig als didaktischen Flop zu etikettieren. Vielmehr kommt es darauf an, für die sicherlich auch zeitbedingten Schwierigkeiten der Schüler mit diesem Roman Verständnis zu entwickeln und Hilfestellungen einzuplanen. Zu diesem Zweck sollen, am Beispiel eines Leistungskurses, verallgemeinerbare Grundmuster der Rezeption vorgestellt und analysiert werden. Als Bezugstexte seien drei repräsentative Rezeptionsdokumente wörtlich wiedergegeben (vgl. S. 12).
Die Kritik der Schüler bezieht sich zusammengefaßt auf zwei Aspekte des Romans: den durch detaillierte Darstellungsweise verlangsamten Erzählfluß und die Geschichte selbst. Zunächst wird, gelegent-

Rezeptionsdokument 1
Für mich ist „Effi Briest“ der typische Roman, wo man schon nach wenigen Seiten weiß, wie etwa der Rest aussieht. Stellenweise ist der Roman so lang und anspruchslos geschrieben, daß ich einfach nur las, aber hinterher nicht wußte, was ich gelesen hatte. Das fing schon bei der ersten Seite an, die ich mehrmals lesen mußte, wie auch andere Stellen. Teilweise wußte ich nicht mehr, wo ich schon gelesen hatte; wenn ich dann wieder anfing, kam ich irgendwann zu einem Punkt, wo ich dachte: „Die Stelle hast du schon ca. dreimal gelesen.“ Der Roman animiert nicht zum Mitdenken; ich mußte mich manchmal zwingen, wirklich den Text zu lesen und nicht beim Lesen etwas anderes zu denken. Fontane erzählt einige Sachverhalte, z. B. das genaue Aussehen einer Hausfront, viel zu langatmig. Wenn der Leser sich Mühe gibt und Phantasie entwickelt, kann er sich zwar das damalige Aussehen der Häuser etc. vorstellen, für den Gang der Handlung ist es aber mehr oder weniger unwichtig.

Rezeptionsdokument 2
Vorher hatte ich viele Vorurteile, z. B. daß der Roman schlichtweg langweilig wäre. Auf den ersten 200 Seiten bestätigte sich das auch, und ich las den Roman nur mit Unwillen. Dann aber, nach und nach, wurde es interessanter, ich wurde aufmerksam und begann über das Buch nachzudenken, auch über den Teil, den ich schon gelesen hatte, und fand, daß er so schlecht doch gar nicht sei. Ich interessierte mich für das Schicksal des Mädchens und entdeckte sogar irgendwann Anteilnahme daran. Ich bin im Endeffekt froh, daß ich das Buch gelesen habe, weil die Intention des Autors, wie ich die bisher verstanden habe, auch meine Meinung ist. Besonders gefallen hat mir der Schluß, in dem Fontane nicht einen großen, aufwendigen und lang ausgeführten Tod Effis schildert, sondern einfach die neue Situation beschreibt: Herbstlaub, ein altes Ehepaar im Garten und eine Grabplatte, wo vorher die Sonnenuhr stand. Im Endeffekt halte ich „Effi Briest“ für ein gutes Buch, obwohl hundert Seiten weniger ihm bestimmt gut getan hätten.

Rezeptionsdokument 3
Erst erschien mir dieser Roman langweilig und langatmig. Später jedoch wuchs mein Interesse, und eine gewisse Verbundenheit zwischen den Hauptpersonen und mir trat auf. Mitleid und Verständnis für gewisse Handlungen auf seiten von Effi wie auf seiten von Innstetten wiederholten sich. Alles in allem zähle ich jedoch dieses Werk Fontanes zur Trivialliteratur und glaube, daß dieser Roman nicht eindeutig die Fähigkeiten des Schriftstellers wiedergibt.

lich mit polemischer Schärfe, die Langatmigkeit und quälende Genauigkeit gerade bei der Wiedergabe solcher Details inkriminiert, deren Entfaltung für den Gang der Handlung irrelevant sei. Als Folge davon werden Irritation und rapide Verminderung von Lesemotivation angegeben, deren letzte Reste lediglich durch den institutionellen Zwang der Schule noch aufrechterhalten werden. Dies wird durch die ersten beiden Rezeptionsdokumente eindrucksvoll verdeutlicht, wobei insbesondere die erste Darstellung, wie dies häufig bei spontanen Schüleräußerungen der Fall ist, erahnen läßt, daß der Schüler wichtige Strukturmerkmale des Textes unbewußt erkannt hat: Die Bemerkung, daß man schon nach wenigen Seiten wisse, wie etwa der Rest aussehe, könnte ein Fingerzeig dafür sein, daß die Vorausdeutungen des ersten Kapitels seinen Leser erreicht haben. Läßt überdies der in wörtlicher Rede wiedergegebene Gedanke „Die Stelle hast du schon ca. dreimal gelesen" darauf schließen, daß der Schüler auf Fontanes Arbeit mit Leitmotiven aufmerksam geworden ist? Das zweite Rezeptionsdokument, von ähnlich negativer Einstellung ausgehend, zeigt, daß bei entsprechender Schärfung des Wahrnehmungsvermögens auch ein zunächst als langatmig eingeschätzter Erzählstil rückwirkend eine Art Rehabilitierung erfahren kann.

Ein zweiter von den Schülern erfahrungsgemäß häufig genannter Kritikpunkt läßt sich schlagwortartig im Vorwurf der Trivialität zusammenfassen. Die Personen, so wird angeführt, seien mittelmäßig, ohne Tiefe, die Handlung sei weder aktuell noch spannend. Nun berühren die Schüler mit solchen Einschätzungen insofern einen empfindlichen Aspekt des Romans, als auch Fontane selbst seinem Schriftstellerkollegen Spielhagen gegenüber freimütig bekannte, daß er den literarischen Stoff als eine „Ehebruchsgeschichte wie hundert andere mehr" (Brief an Spielhagen vom 21. Februar 1896) einschätze und lediglich einzelne Motive die Aufmerksamkeit des Literaten geweckt hätten. Die Eingeständnisse Fontanes reichen auch bis zum Vorwurf der Trivialität, den der Autor dem Motiv der nicht verbrannten Liebesbriefe selber nicht ersparen kann. „Dem baren Handlungsschema nach ist auch ‚Effi Briest' nicht eben originell", so stellt Richard Brinkmann fest (Brinkmann 1967, S. 78), und Walter Müller-Seidel verweist auf eine „gewisse Belanglosigkeit des Vorfalls" (Müller-Seidel 1975, S. 357).

Während jedoch die Schüler in den Äußerungen ihrer ersten subjektiven und noch wenig durchdachten Urteile an dieser Stelle haltmachen, geht die professionelle Literaturwissenschaft einige Schritte weiter. So hat beispielsweise Müller-Seidel ausführlich aufgewiesen, mit welchen literarischen Darstellungsmitteln Fontane der Belanglosigkeit des Vorfalls entgegenwirkte, wie er den besonderen Fall zu einem für sein Zeitalter symptomatischen Fall „erhöhte"; „Wir lesen keine private Ehegeschichte, sondern ein hochliterarisches Werk" (Müller-Seidel 1975, S. 357). Geschieht diese literarische Gestaltung der ursprünglich belanglosen stofflichen Vorlage zum einen durch die Hereinnahme des Gesellschaftlichen, der latenten Präsenz der Zeitgeschichte, so zum andern durch den sorgfältigen Umgang mit verweisenden Details, mit Motiven und Symbolen, mit Anspielungen und Vorausdeutungen. Dies Beziehungsgeflecht zu erkennen, ist nicht nur eine Grundbedingung für ästhetisches Vergnügen während und nach der Lektüre, es ist auch eine Voraussetzung für ein adäquates Verständnis des Romans:

„Wer das Bezugsspiel der Worte ‚Düne', ‚Kirchhof' und ‚Waldecke' nicht durchschaut", so schreibt Walter Jens, „hat Fontanes ‚Effi Briest' vergebens gelesen: Er wird nicht verstehen, daß der Satz ‚Die Spaziergänge nach dem Strand und der Plantage, die sie, während Crampas in Stettin war, aufgegeben hatte, nahm sie nach seiner Rückkehr wieder auf' die Umschreibung einer ehebrecherischen Handlung ist" (Jens 1978, S. 10).

Solche Zusammenhänge nicht zu durchschauen, langatmig, langweilig und trivial zu finden, was sich in seiner ästhetischen Vielschichtigkeit nicht erschließt, ist Schülern nicht vorzuwerfen, sondern zeugt lediglich von ungebrochener Urteilsfreude. Mag auch der wohlgemeinte Ratschlag, hundert Seiten weniger hätten dem Roman gutgetan, erheiternd wirken, angesichts der literarischen Sozialisation unserer Schüler sind solche Äußerungen fast schon begrüßenswert. Wie soll ein Schüler, durch die Medien an den schnellen Wechsel kurzer Einstellungen und Spots gewöhnt, oft durch Jugendromane und Kurzgeschichten in die Analyse epischer Texte eingeführt, sein Urteil am „Actionreichtum" eines Textes bemessend, die literarische Qualität eines Fontane-Romans bei erster Begegnung mit diesem Autor ohne Hilfe erkennen?

In dieser Situation eine Hilfestellung zu bieten, beabsichtigt die erste Sequenz. Diese Aufgabe kann sie nur dann erfüllen, wenn es ihr gelingt, die ersten Leseerfahrungen der Schüler offen und unverfälscht zu ermitteln und für weitere Auswertungen verfügbar zu halten. Andrerseits ist ein solches Vorgehen auch voller Unwägbarkeiten, denn wie ist planerisch antizipierbar, was sich im Unterricht erst vollzieht: das Sich-Besinnen der Schüler auf ihre Eindrücke, Gedanken und Gefühle während und nach der Lektüre des Romans? Aus diesem Grunde setzt die Planung einer ersten Objektivierungsphase an dem Aspekt ein, der im Rahmen einer Eindrucksbefragung mit ziemlicher Sicherheit die Liste der Mängel anführen wird: der Langatmigkeit. Ohne die Berechtigung einer solchen Kritik zu bestreiten, wird lediglich angeregt, an einem konkreten Textbeispiel, der von Schülern oft als unnötig detailliert bezeichneten Eingangsbeschreibung Hohen-Cremmens, die Funktion epischer Genauigkeit zu ermitteln. Indem auf die von scheinbar unbedeutenden topographischen Details vermittelten sozialen Informationen verwiesen wird beziehungsweise topographische Details andeutungsweise in ihrer späteren Funktion gezeigt werden, wird der Vorwurf der Langatmigkeit zumindest an einer wichtigen Stelle des Romans problematisiert. Von Fontanes eigenen Gestaltungsprinzipien geleitet, soll sich der Blick der Schüler nun auf das gesamte erste Kapitel ausweiten, dessen Dialoge in mehr oder weniger leicht erkennbaren Vorausdeutungen das Grundgerüst der späteren Handlung entwerfen.

Ziel dieser ersten Sequenz ist es somit, an den noch subjektiven Leseeindrücken der Schüler anknüpfend, einen mutmaßlichen zentralen Kritikpunkt, den der Langatmigkeit, auf dem Wege einer Analyse exemplarischer Textstellen zu problematisieren. Dabei kann zweierlei sicherlich nicht beziehungsweise noch nicht geleistet werden: Weder werden die Schüler nach diesen drei Stunden zu passionierten Fontane-Lesern, noch werden sie Fontanes gerade in diesem Roman so intensiv gehandhabte Technik des Andeutens, Verweisens und symbolischen Erhellens bereits in dieser Phase durchschauen lernen. Letzteres bleibt späteren Stunden vorbehalten, ob ersteres je gelingen könnte, sei dahingestellt. Sicherlich aber werden sie erkennen, daß hinter dem Einsatz scheinbar belangloser Details, hinter scheinbar nur dahingesprochenen Sätzen poetisches Kalkül steckt, nach dessen Erforschung der Roman neue Bedeutungsdimensionen eröffnen kann.

1. Stunde: Auswertung erster Leseeindrücke

Phase 1

In dieser Einstiegsstunde sollen die ersten Leseeindrücke der Schüler erfaßt, in einem offenen Gespräch ausgetauscht, ausgewertet und zumindest in Ansätzen bereits problematisiert werden. Dies bedeutet, daß die Stunde nur in ihrer methodischen Anlage, kaum in ihrem inhaltlichen Verlauf genauer vorgeplant werden kann. Es ist eine Stunde der Schüler, und der Lehrer tut gut daran, sich auf die Funktionen eines formalen Gesprächsleiters zurückzuziehen. Je weniger er sich inhaltlich involvieren läßt, desto stärker kann er sich auf die Beiträge der Schüler und den Verlauf des Unterrichtsgesprächs konzentrieren. Er gerät angesichts überwiegend kritischer Beiträge überdies nicht in den Verdacht, Meinungen beeinflussen zu wollen, um eventuell eine von ihm mitgetragene Lektüreentscheidung rechtfertigen zu helfen. In einer ersten Phase werden die Schüler aufgefordert, ihre Lektüreeindrücke stichwortartig oder in knapper ausformulierter Form aufzuschreiben. Es mag sein, daß durch die Schriftlichkeit einiges von der vielberufenen Spontaneität einer solchen Phase verlorengeht, doch sprechen dafür zwei wichtige Gründe: Zum einen erweist sich, daß nach der Rezeption literarischer Texte oft nur die ersten Wortbeiträge spontane Meinungsäußerungen sind und sich spätere Meldungen darauf zustimmend oder ablehnend beziehen. Andere Beiträge, die über entstehende Diskussionen aus dem Bewußtsein der Schüler schwinden, bleiben aber auf dem Papier dokumentiert. Zum andern kann der Lehrer durch Archivierung der Rezeptionsdokumente zu jeder Phase der Unterrichtsreihe auf die eingangs geäußerten Eindrücke zurückgreifen.

Phase 2

In einem freien Unterrichtsgespräch erläutern die Schüler anschließend ihre Eindrücke, die der Lehrer in einem grob systematisierenden Tafelanschrieb festhält. So einfach dies erscheint, so erfordert es vom Lehrer doch ein hohes Maß an Einfühlungsvermögen und Zurückhaltung, da die Schüler gerade den Umgang mit persönlichen Bekenntnissen sehr sorgfältig verfolgen. Auch darf der Eindruck nicht entstehen, das Erfragen der Lektüreeindrücke sei eine Art Pflichtritual, nach dessen Vollzug mit einer vorformulierten Leitfrage zur lehrerzentrierten Tagesordnung übergegangen werde.

Phase 3

Mit dem in der dritten Phase vorgesehenen Lehrerimpuls wird ein Prozeß der Problematisierung „bornierter Subjektivität" eingeleitet und eine Motivation zu genauerer Auseinandersetzung mit dem Roman zumindest ansatzweise aufgebaut. Geht man, wie aufgrund bisheriger Erfahrungen zu vermuten steht, von eher harscher Kritik der Schüler aus, von Äußerungen des Unmuts und des Unverständnisses, so schafft der Verweis des Lehrers darauf, daß Fontanes „Effi Briest" unumstritten zu einem der bedeutendsten deutschen Romane im letzten Jahrhundert, zu einem der wenigen Romane „mit Weltniveau" zähle und überdies bereits viermal verfilmt worden sei, einen erklärungsbedürftigen Widerspruch. Indessen ist in dieser Phase mit Korrekturen am geäußerten Meinungsbild der Schüler kaum zu rechnen. Eher wird eingewendet: Der Roman sei aus einer anderen Zeit, und somit sei es auch möglich, daß die Leser andere Erwartungen an einen Roman geknüpft hätten. Der Text leide somit an Überalterung. Oder: Der Roman sei für Erwachsene interessant, die vielleicht ähnliche Lebenserfahrungen gesammelt hätten, nicht für heutige Jugendliche. Jedenfalls steht zu erwarten, daß Versuche der Verunsicherung und Problematisierung zu diesem Zeitpunkt noch abgewehrt werden. Sicherlich wird aber die Bereitschaft der Schüler erhöht, sich unter dem Gesichtspunkt ihrer Kritik auf eine genauere Analyse des Romananfangs als Beispiel langatmigen Schilderns einzulassen.

2. Stunde: Detailgenauigkeit – Die Funktion eines „Mangels“

Sachanalyse

Mit „bädekermäßiger Genauigkeit“ (Wilhelm 1981, S. 143) führt Fontane seine Leser zu Beginn des Romans in die Topographie Hohen-Cremmens ein. Wenn auch eine konkrete Vorlage für diese Beschreibung sich nicht nachweisen läßt, so erwecken doch die Gründlichkeit des Vorgehens und die exakten Maßangaben den Eindruck, als beschreibe der Autor eine jederzeit überprüfbare Wirklichkeit. Deutlich verrät sich das Bemühen Fontanes, dem Leser ein wirklich authentisches, auch scheinbar unwichtige Details nicht unterschlagendes Bild zu vermitteln. Diese Gewissenhaftigkeit der Beschreibung, unterstützt durch eine komplizierte, hypotaktische Konstruktionen bevorzugende Syntax, kann sicher dann den Eindruck des Übergenauen, Langatmigen machen, wenn sich die Bedeutung der geschilderten Einzelheiten nicht erschließt. Da aber für Fontane der Anfang „immer das entscheidende“ ist und der „Keim des Ganzen“ bereits im ersten Kapitel, ja in der ersten Seite oder sogar der ersten Zeile steckt (Brief an Karpeles vom 18. August 1880), kann eine genauere Betrachtung der zu Beginn des Romans beschriebenen Einzelheiten bereits erste Perspektiven auf künftiges Geschehen eröffnen.

Der Bedeutung entsprechend, die Hohen-Cremmen in Effis Leben zukommt, ist die Straße vor dem Herrensitz der Briests in hellen Sonnenschein getaucht. Auf die über zweihundertjährige Tradition des Wohnsitzes deutet die Bemerkung „seit Kurfürst Georg Wilhelm“, während die Zeitrechnung in Regierungsperioden anstatt in Jahreszahlen bereits einen diskreten Hinweis auf den adligen Stand der Bewohner gibt (vgl. Wilhelm 1981, S. 147). Neben dem gesellschaftlich aussagekräftigen, indirekten Verweis auf die Historie erwecken Begriffe wie „Herrenhaus“ (Z. 2), „Park- und Gartenseite“ (Z. 5), „Seitenflügel“ (Z. 6), „Fliesengang“ (Z. 7f.), „Rondell“ (Z. 10) Vorstellungen hochherrschaftlicher Gebäude- und Gartenarchitektur. Zum einen verweisen die topographischen Angaben des ersten Satzes auf wichtige soziale Zusammenhänge, auf den Adel und die Familientradition der Bewohner Hohen-Cremmens, zum andern werden bereits hier die ersten handlungsrelevanten und symbolische Bedeutung übernehmenden Details genannt. Bezeichnenderweise endet der erste Satz mit der Erwähnung des Rondells, der späteren Grabstätte Effis (vgl. S. 300, Z. 31ff.), und der Sonnenuhr, dem traditionellen Symbol für unbeschwerte, glückliche Stunden. In dichter Reihung folgen „in fast bühnentechnischer Manier“ (Hamann 1981, S. 25) die in unterschiedlicher Weise sinnhaften oder auf späteres Geschehen anspielenden Requisiten: Zunächst der Teich (Z. 20), auf die Wassersymbolik im Zusammenhang mit der Crampas-Affaire verweisend, dann die für die Symbolstruktur des Romans so wichtige Schaukel (Z. 21), Zeichen für Effis

Verlangen „nach dem schwerelosen Glück“ (Demetz 1964, S. 213), die mächtigen alten Platanen (Z. 26), für Effi ein Element der Beschaulichkeit und der Ruhe, und schließlich der wilde Wein (Z. 35) als Symbol für unbeschwerte Kindheit und Freiheit.

Nun ist von einem literarisch unerfahrenen Leser nicht zu erwarten, daß er dieses dichte Geflecht von Anspielungen und Verweisen erkennt, geschweige denn zu schätzen weiß. So kann die Motiv- und Symbolstruktur des Romans auch erst in einer späteren Sequenz der Unterrichtsreihe, besonders vorbereitet und mit Informationen begleitet, ausdrückliches Thema des Unterrichts werden. In dieser Stunde kommt es, auf einer viel grundsätzlicheren Ebene, zunächst darauf an, den Schülern an einem Beispiel die Funktion einer detaillierten Ortsbeschreibung bei Fontane zu verdeutlichen, um auf den Vorwurf der Langatmigkeit mit dem Verweis auf deren strukturierende Funktion zu antworten. Um dieses Ziel zu erreichen, ist es nicht so erheblich, ob die Schüler wirklich alle genannten Details auffinden und in ihrer symbolhaften Aussage zutreffend deuten, sondern daß ihre Aufmerksamkeit geschärft und ihr Interesse für statarisches Lesen geweckt wird. Auch wird es den Schülern sicherlich leichter fallen, dem Rondell mit der Sonnenuhr und der Schaukel als dem Teich und dem wilden Wein weiterreichende Bedeutung beizumessen, weil erstere Details im Roman auffälliger hervorgehoben und im Verlauf unserer Kulturgeschichte häufiger symbolhafte Funktionen übernommen haben.

Unterrichtsverlauf

Dadurch, daß die Schüler in einer Hausaufgabe bereits zusammengestellt haben, welche Informationen man der Beschreibung Hohen-Cremmens entnehmen kann, sind sie auf die Zielrichtung der Textanalyse bereits vorbereitet. Allerdings wird die Aufgabe nur in dem Maße bereits verwertbare Ergebnisse zu Tage fördern, wie die Fähigkeit des einzelnen Schülers zu genauem und verknüpfendem Lesen entwickelt ist. Deshalb sollte in der *ersten Phase* die Besprechung der Hausaufgaben in ein gelenktes Unterrichtsgespräch mit strukturierendem Tafelanschrieb übergehen. Erst in der *zweiten Phase,* wenn die der Beschreibung Hohen-Cremmens entnehmbaren Informationen aufgelistet sind, ist erneut der zuvor gemachte Vorwurf der Langatmigkeit aufzugreifen und zusammenfassend nach der Funktion Fontanescher Genauigkeit an dieser Stelle des Romans zu fragen. Man sollte mit dieser Zusammenfassung aber eher die „Funktion eines Mangels“ zu erklären, als von den Schülern gefällte Urteile zu verändern versuchen, zumal der Begriff der „Langatmigkeit“ oder ähnliche Bewertungskategorien ja weniger objektiv überprüfbare Zusammenhänge, als vielmehr ein subjektives Erleben ausdrücken. Die schließlich in der *dritten Phase* vorgelegte Briefstelle Fontanes

> „Das erste Kapitel ist immer die Hauptsache und in dem ersten Kapitel die erste Seite, beinah die erste Zeile . . . bei richtigem Aufbau muß in der ersten Seite der Keim des Ganzen stecken“ (Fontane in einem Brief an Karpeles vom 18. 8. 1880).

gibt dem Unterricht neue Impulse: Die Schüler sollen hinter der an einem Beispiel erkannten Technik Fontanes, im Romananfang bereits wichtige Elemente der späteren Handlung zu verstecken, ein bewußtes, von Fontane auch deutlich ausgesprochenes dichterisches Kalkül erkennen. Ehe die Schüler die Aufgabe erhalten, unter dem Gesichtspunkt dieses Zitats das erste Kapitel noch einmal zu lesen, sollte die Aussage dieser Briefstelle im Unterrichtsgespräch konkretisiert werden. Der Bildhaftigkeit der Aussage entsprechend bietet sie einen gewissen Deutungsspielraum, auch taucht dieser Gedanke in anderer Akzentuierung und Formulierung noch in weiteren Briefen auf (an M. v. Rohr, 3. 6. 1879; an Friedländer, 8. 7. 1894). Sicherlich trifft man die Intention Fontanes, wenn man präzisiert: Bei richtigem Aufbau eines Romans muß der dargestellte Konflikt und seine Lösung, die Motivik, am besten in der ersten Zeile, zumindest jedoch im ersten Kapitel angelegt sein. Ob Fontane diese Forderung im ersten Kapitel der „Effi Briest" erfüllt hat, soll in der folgenden Stunde überprüft werden.

3. Stunde: Das erste Kapitel: Roman in Vorausdeutungen

Sachanalyse

Gero von Wilpert definiert die Vorausdeutung als die „andeutende Vorwegnahme eines erst später – am Ende des Buches oder Kapitels – eintretenden Ereignisses." Weiter führt er aus:

> „Sie entsteht aus der Überschau des Epikers über den ausgebreiteten Stoff und bedeutet in keiner Weise eine Spannungsverminderung ..., da die in der Epik wirkenden Spannungen nicht rein stofflicher, sondern auch in hohem Grade darstellerischer Art sind und das Interesse an der Fortentwicklung durch gelegentliche Vorausdeutungen eher gesteigert wird ..., zumal die stets nur teilweise Vorausdeutung den Weg der Entwicklung höchstens ahnen läßt" (Wilpert 1969, S. 838).

Aus dieser Beschreibung sei ein Zusammenhang noch einmal gesondert hervorgehoben: Vorausdeutungen sind, und dies trifft in besonderem Maße auf Fontanes „Effi Briest" zu, in der Regel keine offenen und eindeutigen Verweise, die künftiges Geschehen in klarer Form antizipieren (etwa in der Form: „Major v. Crampas, der später noch zum Ehebrecher werden wird ..."), sondern mehr oder weniger vage Anspielungen, deren verweisende Intention oft schwer nachweisbar, zweifelhaft oder gar ungewiß sein kann, die leicht zu überlesen sind und deren Funktion sich meist aus dem Kontext ergibt. Da sie Künftiges nur sehr unbestimmt andeuten, der Phantasie des Lesers breitesten Spielraum lassen und schließlich ja auch in die Irre führen können, vermögen sie die Einbildungskraft des Lesers anzuregen, Spannung zu erzeugen, ohne eine Garantie für ihre Richtigkeit zu übernehmen.

Es ist nicht anzunehmen, daß die Schüler an dieser Stelle zum ersten Mal mit der Technik der Vorausdeutung konfrontiert werden: Wenn in einem Fernsehkrimi der Hausherr die Schublade eines altdeutschen Schreibtischs öffnet, um ihr ein Schriftstück zu entnehmen, und die Kamera ganz beiläufig und kurz auf einer Schußwaffe verweilt, ist dies eine Vorausdeutung und wird auch von literarisch weniger erfahrenen Zuschauern als solche empfunden. Die Vorausdeutung ist auch in der Kinder- und Jugendliteratur ein beliebtes Stilmittel, den Schülern also durch ihre literarische Sozialisation bereits bekannt. Da aber Fontane in der Gestaltung vorausweisender Anspielungen eine besondere Kunstfertigkeit entwickelt hat, ist in dieser Stunde damit zu rechnen, daß die Schüler einige Vorausdeutungen des ersten Kapitels nicht ohne Schwierigkeiten als solche erkennen und auswerten werden.

Solche Schwierigkeiten könnten bereits bei der ersten Anspielung beginnen: Effi beklagt sich, nicht ohne eine gewisse Koketterie, bei ihrer Mutter darüber, daß sie noch immer Hängekleider, „Jungenskittel“ tragen müsse und die Mutter keine Dame mit Staatskleidern aus ihr machen wolle (S. 5, Z. 3–19). Auf die suggestiv gestellte Frage, ob sie dies denn wirklich wolle, verneint Effi: „Und dabei lief sie auf die Mama zu und umarmte sie stürmisch und küßte sie“ (Z. 14f.). Wertet man diese Textstelle als eine Vorausdeutung auf Effis unmittelbar bevorstehenden Übergang vom Mädchen zur jungen Frau, so könnte doch Effis kommentarloses „Nein“ irritieren, mit dem sie ihr vorangegangenes Aufbegehren scheinbar wieder zurücknimmt. Dies wird aber durch die anschließende unmotivierte, die erfahrene Mutter beunruhigende Gefühlsaufwallung Effis seinerseits aufgehoben. Ähnlich wie zu Beginn von Wedekinds „Frühlings Erwachen“ bleibt es zwar noch einmal beim alten Kleidungsstil, doch die Verweiskraft dieser Textstelle wird dadurch nicht geschmälert.

Erst auf dem Hintergrund dieser Textstelle erhalten die folgenden Anspielungen eine vorausweisende Bedeutung: Ist Effis Dame-Werden erst einmal thematisiert, bekommt die Nachricht, ein alter Jugendfreund der Mutter werde zu Besuch erwartet, erhöhte Bedeutung, zumal Effi ihre Bewunderung für diesen Mann offenherzig kundtut: „er ist Landrat, gute Figur und sehr männlich“ (S. 6, Z. 25f.). Der Leser, der, durch den Titel des Romans geleitet, in Effi, nicht in ihrer Mutter die zentrale Figur vermutet, kann nicht umhin, zwischen der beängstigend leidenschaftlichen und gerade zur Frau erwachenden Effi und dem als „sehr männlich“ apostrophierten Landrat, sei er auch ein Verehrer der Mutter, eine kommende Liaison zu mutmaßen. In Form einer gegenseitigen Neckerei zwischen der Pastorstochter Hulda Niemeyer und Effi schwenkt nun in einem dritten Schritt das Gespräch auf die Chancen einer Eheschließung: Auf Huldas Renommieren, sie werde sich vielleicht noch eher verheiraten als Effi, antwortet diese: „Meinetwegen. Denkst du, daß ich darauf warte? Das fehlte noch. Übrigens, ich kriege schon einen, und vielleicht bald!“ (S. 7, Z. 19–21) Wenngleich auch dieser Aussage durch die anschließende Wiedergabe scherzhafter Bemerkungen etwas von ihrem Ernst genommen wird, so ist ihre Funktion als Vorausdeutung unmittelbar bevorstehenden Geschehens doch kaum zu übersehen.

Bis zu dieser Stelle lassen die Vorausdeutungen einen Romanfortgang erahnen, wie er sich harmonischer und trivialer kaum erdenken läßt, so daß der Leser zugunsten des Romans fast an der prognostischen Bedeutung der zitierten Textstellen zu zweifeln geneigt wäre. Doch dann folgt eine Textstelle, die sich als erster Verweis auf künftige Konflikte deuten läßt: Als die Freundinnen auf die Nennung des Namens Geert von Innstetten in Gelächter ausbrechen, reagiert Effi „pikiert“ und fordert eine Erklärung, worauf eines der Mädchen sagt: „Ach Effi, wir wollen dich ja nicht beleidigen, und auch den Baron nicht. Innstetten sagtest du? Und Geert? So heißt doch hier kein Mensch“ (S. 8, Z. 4–6). Effis Freundinnen geben in ihren spontanen Reaktionen deutlich zu verstehen, daß ein Geert von Innstetten in diesem sozialen Umfeld Hohen-Cremmens ein Fremder wäre und bleiben müßte. Geht man davon aus, daß dem Namen eine mehr als zufällige Bedeutung zukommt, dann wird hier auf tiefergehende Differenzen angespielt und ein möglicher späterer Konfliktpunkt angedeutet: Dieser Baron von Innstetten, die Mädchen in ihrer unverfälschten Urteilsfreude wissen es gleich, paßt eigentlich nicht zu einer Effi Briest, ein Einwand, über den Effi mit Verweis auf ihren gesellschaftlichen Stand, allerdings nicht ohne Irritation, hinweggeht. An einer ganz ähnlichen Stelle wird anschließend noch einmal in dieselbe Kerbe gehauen. Effi, die mit einer Aufzählung beeindrukkender biographischer Informationen die Person Innstettens in rechtes Licht zu rükken bemüht ist und auch erwähnt, daß Innstetten „Landrat im Kessiner Kreise" sei, erhält die Antwort: „Was ist Kessin? Ich kenne hier kein Kessin" (S. 9, Z. 27). In ihrer respektlosen und provinziellen Beschränkung vermögen die Freundinnen Effis sehr direkt darauf aufmerksam zu machen, daß hier eine andere Welt in das sonnenbeschienene Hohen-Cremmen einzudringen droht. Hat der Leser die ersten drei Vorausdeutungen als solche realisiert, ahnt er bereits eine Verbindung zwischen Effi und Baron von Innstetten, so wird er auch diese beiden Aussagen als Anspielungen auf künftige Konfliktquellen verstehen, wenngleich die vorausweisende Funktion nicht leicht zu erkennen ist.

Auffälliger schließlich ist die letzte Vorausdeutung des Eingangskapitels: Die Mädchen sind inzwischen etwas rausgerudert und versenken in einer scherzhaften Zeremonie eine Tüte mit Stachelbeerschlusen. Dabei fällt Effi ein: „So vom Boot aus sollen früher auch arme unglückliche Frauen versenkt worden sein, natürlich wegen Untreue" (S. 11, Z. 1–3). Diese ziemlich unverhüllte Vorausdeutung des Ehebruchs mit anschließendem tragischen Ausgang ist fast schon zu direkt, als daß Fontane damit das erste Kapitel beschließen könnte. In der ihm eigenen Technik, Anspielungen durch die ihnen folgenden Bemerkungen scheinbar wieder aufzuheben, fährt Fontane fort: „Aber doch nicht hier, lachte Effi, hier kommt so was nicht vor. Aber in Konstantinopel..." (S. 11, Z. 4–6)

Unterrichtsverlauf

Phase 1

In diesem Eingangskapitel des Romans werden, so lassen sich die vorangehenden Ergebnisse zusammenfassen, wichtige Elemente des künftigen Geschehens in mehr oder weniger direkter und nachweisbarer Form vorausgedeutet. Für den geübten und aufmerksamen Leser kann hier exemplarisch Fontanes Gestaltungsprinzip deutlich werden, im ersten Kapitel bereits den „Keim des Ganzen" oder „die ganze Geschichte" zu verstecken. Allerdings für den geübten Leser, und als ein solcher kann ein Schüler im seltensten Falle bezeichnet werden. Dies bedeutet für die Unterrichtsgestaltung ein schrittweises, behutsames Vorgehen. Durch die Hausaufgabe, die erneute Lektüre des ersten Kapitels unter der Perspektive der zuletzt eingeführten Briefstelle, sind die Schüler auf die Thematik der Stunde vorbereitet. In einer ersten Phase sollten zunächst die Ergebnisse der erneuten Lektüre vorgetragen werden, wobei es dem Lehrer möglich ist, den Erkenntnisstand der Schüler, ihre textanalytischen Fähigkeiten zu ermitteln. Zweierlei könnte in dieser Phase geleistet werden: Zum einen müßten der Begriff der Vorausdeutung eingeführt, wenn nötig definiert und die Vorausdeutung in ihrer spannungserhöhenden Funktion erläutert werden. Zum andern könnte eine der Vorausdeutungen aus dem ersten Kapitel exemplarisch besprochen werden, damit für die anschließende Gruppenarbeit eine erste Orientierung gegeben ist.

Phase 2

In der die zweite Phase einleitenden Gruppenarbeit sollen die Schüler noch einmal Gelegenheit erhalten, in gegenseitigem Gedankenaustausch die von ihnen aufgefundenen Textstellen auf ihre vorausweisende Funktion zu überprüfen, zumal einzelne Textstellen erst nach eingehender Interpretationsarbeit als Vorausdeutung erkannt werden können. Die anschließende Strukturierung der Ergebnisse an der Tafel, sicher erst ein Endprodukt einiger Diskussionen, kann sowohl vom Lehrer als auch von den Schülern vorgenommen werden. Schwierigkeiten könnten allerdings die vierte und fünfte Anspielung bereiten: In sehr vermittelter Art wird hier auf einzelne Ursachen späterer Eheprobleme, nicht aber auf diese selbst angespielt, so daß der Leser bereits textanalytische Arbeit geleistet haben muß, um diese Textstellen als Vorausdeutungen orten zu können. Sollten die Schüler die dritte und die letzte Vorausdeutung erkannt haben, so könnte der Lehrer gezielt danach fragen, ob zwischen den Anspielungen auf Heirat und Untreue keine Vorausdeutungen auf problematische Aspekte der Eheschließung und des Zusammenlebens auszumachen seien.

Phase 3

In der anschließenden dritten Phase soll darüber reflektiert werden, ob mit den erkannten Vorausdeutungen tatsächlich „der Keim des Ganzen", die wichtigen Handlungselemente erfaßt sind und ob sie auch bereits bei erster Lektüre lesersteuernde Funktion übernehmen können. In einem weitgehend offenen Unterrichtsgespräch könnte erörtert werden, ob für den Gang der Handlung wichtige Zusammenhänge unangedeutet bleiben, ob ein dichteres Anspielungsnetz überhaupt möglich wäre, inwieweit der Leser die Vorausdeutungen realisieren kann und welchen Spielraum sie der Phantasie des Lesers bieten.

Sequenz 2: Die Ehe Briest–Innstetten

„Solange die Welt steht oder solange wir Aufzeichnungen haben über das Gebaren von Menschen in ihr, ist immer nach den Verhältnissen und nur sehr ausnahmsweise nach Liebe geheiratet worden."
Fontane 13. 7. 1884

Sachanalyse

„Verhältnisse" einerseits und „Liebe" andererseits, mit dieser Polarität läßt sich auch das Spannungspotential der zwischenmenschlichen Beziehungen in Fontanes Roman „Effi Briest" umschreiben. Die Art und Weise der Eheschließung Effi/Innstetten, der Eheralltag in Kessin, die sog. Ehebruchsgeschichte, deren Folgen Duell und Scheidung sind geprägt durch die vermeintlich untrennbare Verknüpfung gesellschaftlicher Zwänge und Konventionen mit der Sphäre des Privaten.

Müller-Seidel hat in seiner Darstellung zu „Effi Briest" darauf hingewiesen, wie wichtig für das Verständnis des Fontaneschen Romans der Öffentlichkeitscharakter der Ehe, zumal in den oberen Ständen im ausgehenden 19. Jahrhundert gewesen ist. Nicht erst die signifikant öffentliche Wirkung der Duellgeschichte, schon die Art und Umstände der Eheschließung zeigen, wie sehr die Hohen-Cremmer Vorgänge „Bestandteil einer ständischen Kultur mit entsprechenden symbolischen Formen" (Müller-Seidel, S. 354) gewesen sind. Gleichsam im Prisma des kleinen havelländischen Rittergutes der von Briests verdichten sich sozial relevante Strukturen, die für die Familien- und Gesellschaftsordnung des preußischen Adels jener Zeit kennzeichnend sind. Bei der Partnerwahl dominieren Standeszuordnung und Familieninteresse gegenüber individuellen Wünschen und Bedürfnissen. So verwundert auch nicht, daß aus der Perspektive Effis keine Kriterien auszumachen sind, die am Individualtypus Innstetten festzumachen sind.

Der ironische Untertitel des 1893 erschienenen Romans „Frau Jenny Treibel" – „Wo sich Herz zu Herzen find't" könnte auch als Ausgangspunkt der Ehe des Baron von Innstetten gelten. Was in der Personenkonstellation der Berliner Kommerzienrätin Treibel, ihrem Sohn Leopold, der Professorentochter Corinna Schmidt aus München und der einer wohlhabenden Hamburger Holzhändlerfamilie entstammenden Hildegard Munk eher als Posse auf die bürgerliche Ehe- und Liebesmoral abläuft, geschieht im Hause von Briest zurückhaltender und unter Wahrung standesbewußter Etikette. Um gesellschaftliche Positionszuweisungen, Statussicherung, sozialen Aufstieg geht es, bei allen Unterschieden, im Bürgerhause in der Köpenicker Straße wie im Herrenhaus in Hohen-Cremmen. Im Falle Treibel wie im Falle Briest nimmt die Familie durch die Mutter ihre Funktion wahr, indem sie den Kindern ständische oder schichtenspezifische Rangordnungen zuweist: Höher hinaus wollen sie beide, mit der Bewahrung statushomogener Verhältnisse geben sie sich nicht zufrieden. Die eherechtlichen Bestimmungen des „Allgemeinen Landrechts für die Preußischen Staaten" von 1794, das trotz des 1896 verkündeten Bürgerlichen Gesetzbuches (in Kraft getreten 1900) die privatrechtlichen Normen für Fontanes Zeit abgab, begünstigte die Stellung der Familie bei der Entscheidung über Eheperspektiven der Söhne und Töchter. Danach war „die durch Eltern ‚arrangierte' Ehepartnerwahl als elterliches Konsensrecht festgelegt" (Mooser, S. 138). Entgegen der juristischen Festlegung patriarchalischer Entscheidungsbefugnis im Allgemeinen Preussischen Landrecht (§ 45 des APL: „Kinder ... können sich, ohne Einwilligung ihres leiblichen Vaters nicht gültig verheiraten.") entscheidet im Hause von Briest in Sachen Tochterheirat die Mutter. Dies erklärt sich zum einen aus der innerfamiliären Arbeitsteilung, nach der der Vater für den Raps (also die Ökonomie), Luise dagegen für die Erziehung Effis zuständig ist, zum anderen aus der literarischen Anlage der Vaterfigur Briest, die so gar nicht ins gängige Klassifikationsschublädchen ‚patriarchalisch-autoritär-preußisch' paßt.

Fontanes anfangs zitierte Äußerung, daß „immer nach den Verhältnissen und nur sehr ausnahmsweise nach Liebe geheiratet worden (ist)", stellt auch die Frage nach den Folgen und damit Opfern der auf diese Weise zustandegekommenen Bindungen. Ein Blick in die eherechtlichen Bestimmungen des Allgemeinen Landrechts zeigt, daß das Rechtsbewußtsein des 19. Jahrhunderts der Frau eine Rolle zuweist, die die Entmündigung der Töchter durch die Eheschließungskompetenz der Eltern fortsetzt:

- Der Mann ist das Haupt der ehelichen Gesellschaft.
- Sein Entschluß gibt in gemeinschaftlichen Angelegenheiten den Ausschlag.
- Er vertritt die Frau im Verkehr mit den Rechtsbehörden, und ohne seine Zuziehung und Einwilligung kann diese keine Prozesse führen.
- Er ist befugt, Briefe zu öffnen.
- Wider seinen Willen darf die Frau für sich kein besonderes Gewerbe treiben.
- Die Frau übernimmt durch die Ehe den Namen des Mannes, nimmt Teil an den Rechten seines Standes, ist schuldig, seinem Hauswesen nach dessen Stande und Range vorzustehen.
- Die Erziehungsgewalt liegt in seinen Händen. (Vgl. APL von 1794, S. 345–373)

Führt man in diesem Kontext noch an, was der namhafte preußische Staatsrechtler v. Savigny Mitte des 19. Jahrhunderts „von dem größeren Unheile des Ehebruchs der Frau“ (Editionen, S. 334) zu sagen wußte und wie er jenes begründet, so ergibt sich daraus das notwendige Vorverständnis für den Weg der 17jährigen Tochter eines Landadligen, die mit 18 Jahren zur Landrätin gemacht wird und 25jährig, als geschiedene Frau und gesellschaftlich isoliert, an dem Ort endet, wo das Eheverhängnis seinen Anfang genommen hatte. Was sich für den über 75jährigen Theodor Fontane in Kenntnis der Ardenne-Geschichte (Editionen, S. 309–312) als „eine Geschichte nach dem Leben“ darstellte (Brief an Marie Uhse vom 13. Nov. 1885), trifft beim heutigen Leser schon in der Art und den Umständen der Eheverbindung Effi/Innstetten auf Befremden.

Dies um so mehr bei 17–18jährigen Lesern, die aufgrund der Gleichaltrigkeit Effis oft unvermittelt von eigenen „zeitgemäßen“ Verhaltensformen auf die Ausgangssituation der Romanheldin rückschließen. „Wenn etwas schon so anfängt, kann die Sache nur in die Binsen gehen“, „Die hätte sich von ihren Eltern nichts einreden lassen sollen“, „Der Innstetten war doch überhaupt nicht der Typ, auf den sie stand“ sind exemplarische Schülerurteile, die die Distanz zu dem illustrieren, was im historischen Kontext erst nachvollziehbar wird.

In der Tat zeigen die äußeren Umstände der Verbindung Effi/Innstetten wenig, was für die Zukunft dieser Beziehung allzu optimistische Erwartungen weckt. Hier wird ein „alter Freund“ der Mutter Briest aus ihren Mädchentagen als „Besuch“ angekündigt, den, wir erfahren es ganz beiläufig, Effi erstmals zwei Tage zuvor „drüben in Schwantikow“ gesehen hat. Jener Besuch des 38jährigen „Landrat(s) aus Hinterpommern“ entpuppt sich als Kurzurlaub in Sachen Brautwerbung um Effi, die mehr durch mütterliche Zustimmung als durch Neigung der Tochter zur sofortigen Verlobung führt. Am folgenden Tag, der Ehemann in spe ist schon wieder auf dem Weg nach Kessin, vertraut Effi in kindlichem Stolz ihren Freundinnen an: „Wir nennen uns auch schon du und bei Vornamen.“ (S. 16) Soviel von Vertrautheit, nicht von Vertraulichkeit, statt dessen tritt Organisatorisches in den Vordergrund: „Festsetzungen wegen der Hochzeit, Ausstattungs- und Wirtschaftseinrichtungsfragen.“ (S. 18) Die Verbindung zwischen den Jungverlobten halten tägliche Briefe von Kessin nach Hohen-Cremmen, von denen Effi ihrer Mutter zu berichten weiß: „... das meiste könnt’ ich auf dem Schulzenamt anschlagen lassen, da, wo immer die landrätlichen Verordnungen stehen“ (S. 30).

Die von Effi am Schluß des vierten Kapitels geäußerte Empfindung gegenüber Innstetten, „ich fürchte mich vor ihm“, wird zu Beginn des fünften Kapitels durch die nüchterne Mitteilung des Erzählers „Die Hohen-Cremmer Festtage lagen zurück“ (S. 32) gerade mit der Mißachtung belegt, die der Berücksichtigung der Bedürfnisse Effis in dieser Ehe entspricht. Dieser erste Teil des Romans, der mit dem vorläufigen Abschied Effis von Hohen-Cremmen endet, steht in offensichtlichem Widerspruch zu den heute gängigen Erwartungen einer „Liebesehe“.

„Natürlich muß er von Adel sein“

Es ist für das eigene Verständnis der Eheschließung mit Innstetten notwendig, sich aus den spärlichen Angaben, die Fontane über Hohen-Cremmen macht (vgl. Sequenz 1), vor Augen zu führen, welche Heiratsperspektiven für die Tochter des Ritterschaftsrates offenstanden. An familienunabhängige Partnerwahl und damit an Selbstverwirklichung war kaum zu denken, bestimmte doch das, was Gesellschaft und auch Geselligkeit hieß, den Kreis der Familie Briest, und der ging – läßt man einmal gelegentliche Besuche bei Berliner Tanten und Vettern außer acht – über Hohen-Cremmen und Schwantikow nicht hinaus. So gesehen, mußte der Eheantrag Innstettens als Chance gesehen werden, um für Effi den Sprung aus Hohen-Cremmen in die Nähe der Berliner Gesellschaft und damit die Nähe des Berliner Hofes zu ermöglichen, eine Perspektive, die für Effi bei einer Verbindung mit Innstetten vorgezeichnet schien (vgl. S. 29).

Das Haus von Briest repräsentierte den Typus preußischen Landadels, der seine Patronatsrechte auf Grundbesitz stützte und seit Jahrhunderten bodenständig und ortsansässig seinen Gutsgeschäften nachging. Baron von Innstetten dagegen vertrat den neuen Typus preußischen Adels, der Herkommen mit staatlicher Karriere verband. Sein Eintritt in die preußische Verwaltungselite war mehrfach abgestützt: durch Adel, Militärdienst, Studium der Juristerei und Bismarcksche Protektion. Dagegen nimmt sich der havelländische Adel der von Briests und von Bellings und mehr noch der hinterpommersche der von Grasenabbs und von Brokkes eher provinziell aus. Fontanes Romanfiguren geben in einer eher beiläufigen Szene darüber unterschiedliche Auskunft, wie die Verbindung einer von Briest mit von Innstetten hinsichtlich der ständischen Hierarchie zu bewerten sei. Während Pastor Niemeyer am Beispiel einer auf Effi und Innstetten gemünzten Szene aus Kleists „Käthchen von Heilbronn“ durch die Anrede „Hoher Herr“ immer wieder das Ständegefälle zwischen Käthchen und Graf Wetter vom Strahl hervorhebt, greift Briest in die Vorbereitungen zu Effis Polterabend ein (S. 23, Z. 3ff.): „Hoher Herr und immer wieder Hoher Herr – was soll das? Das leitet in die Irre, das verschiebt alles.“ Hier gibt Fontane dem alten Briest Gelegenheit, die „historische Familie“ derer von Briest mit den Innstettens zu vergleichen: „die Innstettens sind bloß alt, meinetwegen Uradel, aber was heißt Uradel?“, fährt Briest fort und erklärt entschieden: „ich will nicht, daß eine Briest ... in einem fort von ‚Hoher Herr‘ spricht. Da müßte denn doch Innstetten wenigstens ein verkappter Hohenzollern sein ...“. Daß sich entgegen der Briestschen Vorstellung durch die Heirat Effis doch die ständische Rangordnung verschoben hat, deutet der Fontanesche Erzähler mit der Bemerkung an, Briest habe „eine ganze Zeitlang an dieser Anschauung (festgehalten)“, um sich dann letztlich doch Niemeyers Sichtweise von „Hoher Herr“ zu unterwerfen, was „einer Waffenstreckung ziemlich gleichkam oder doch zu solcher hinüberleitete“ (S. 23). Ganz in Fontanes Stil zwischen den Zeilen versteckt wird hier über Veränderungen in der Gesellschaftsordnung des wilhelminischen Kaiserreichs gesprochen. Der havelländische Landadel (verkörpert durch v. Briest) wird durch den auf Berlin hin orientierten Beamtenadel (verkörpert durch v. Innstetten) abgelöst. In der Begegnung und Verbindung der Familie von Briest und von Innstetten spiegelt sich auch ein gesellschaftlicher Umbruch. Die „historische Familie“ von Briest, mit ihrem „schon seit Kurfürst Georg Wilhelm von der Familie ... bewohnten Herrenhaus zu Hohen-Cremmen“ (S. 3) verkörpert vor allem in der Figur des alten Briest das altständische Preußen der Patronatsherrn, väterlich und jovial, begrenzt eigenständig, „ohne die Blicke beständig nach oben richten zu müssen“ (S. 17). Den Innstettens gehört die politische Zukunft. Sie sind die Vertreter des modernen preußischen Verwaltungsstaates,

im Falle Geert v. Innstetten eher aktenals menschenkundig, pflichtbewußt und Zulieferer wie Ausführungsorgan Bismarckscher Staatspolitik.
Die „Verhältnisse“, und hier greifen wir wiederum auf das Ausgangszitat Fontanes zurück, stellen sich für die 17jährige Effi einfacher dar, als ihr der 38jährige Landrat von Innstetten als Ehepartner zugewiesen wird. Sie erfüllt, dem mütterlichen Rat folgend, die an sie und ihren Stand gestellten Erwartungen. Auch Luise Briest, wir erfahren es aus dem Munde der Tochter, wählt den Ritterschaftsrat v. Briest letztendlich aus Gründen der wirtschaftlichen Absicherung und des Sozialstatus (S. 9). Die Neigung hätte eher dem damals jugendlichen v. Innstetten gegolten, eine Feststellung übrigens, die der alte Briest, hier nicht ironisierend, bestätigt (S. 34). Effi ihrerseits, wäre es allein nach Neigung gegangen, hätte sicherlich eine Beziehung vom Schlage des Berliner Vetters Dagobert bevorzugt, doch der war nach Aussage der 17jährigen „noch ein halber Junge“, Innstetten hingegen ein „Mann“ (S. 31). Effi wird von Fontane sehr bewußt mit allen Attributen des Kindlichen in den Roman eingeführt. So sehr jedoch das Matrosenkleidchen, die Schaukel, das Anschlag- und Versteckespielen in den Vordergrund rückt, wenn es ums Heiraten geht, funktionieren die Mechanismen ständischer Erziehung: „Jeder ist der Richtige. Natürlich muß er von Adel sein ...“ (S. 16). Das Standesbewußtsein Effis reagiert folgerichtig auch dort sofort, wo die traditionelle Homogenität des adeligen Heiratskreises durchbrochen wird. „Übrigens keine Geborene“ (S. 105), weiß die junge Frau v. Innstetten gleich im ersten Brief aus Kessin an ihre Eltern zu berichten, in dem sie die Ankunft des Major Crampas und seiner Frau erwähnt.
Es wäre einmal lohnenswert, die Eheverhältnisse in Fontanes Roman unter dem Gesichtspunkt der Selbstrekrutierung der Stände zu untersuchen. Die Töchter aus Hohen-Cremmen Effi, Hulda, Bertha und Hertha und was aus ihnen geworden ist, könnte eine Ausgangsfrage sein; die Baronin v. Innstetten einerseits, die bürgerliche Variante Lehrerehen der Kantorentöchter Jahnkes andererseits; hier die Hochzeit unter Anteilnahme der Berliner Hofgesellschaft, dort der Festbericht im „Anzeiger fürs Havelland“. Daß der Typus der unverheiratet gebliebenen Frau eine ständeübergreifene Konstante ist, wie die zur Pflege der Erbtante nach Friesack entsandte Hulda zum einen, die pommersche Landadelige v. Grasenabb zum anderen zeigt, rundet das Bild dieser Gesellschaft nur ab.
Begreift man die Verhaltensweisen der Fontaneschen Romanfiguren auch aus „ständischen Abhängigkeiten“, so wird klar, daß schon die Konstituenten der Ehepartnerwahl durch gesellschaftliche Konvention mitgeprägt werden. Die Verbindung von Ehe- und Zeitroman zeigt sich also schon beim Ausgangspunkt der Ehevermittlung Effi/Innstetten.

„Frostig wie ein Schneemann“

Dirk Mende hat in seinem Fontane-Aufsatz „Frauenleben“ am Beispiel der Novelle „L'Adultera“ – Untertitel „Die Ehebrecherin“ – folgendes festgestellt: „Das Scheitern der Ehe ist notwendige Konsequenz der versachlichten Beziehungen, unter denen sie geschlossen (betrieben) wurde“ (Mende, S. 187). Im Kern gilt diese Feststellung ebenso für Effis Ehe, auch wenn hier nicht wie bei der Novellenfigur Melanie die hinterlassenen Schulden des Vaters darüber mitentscheiden, daß die Ehe des 42jährigen Financiers Kommerzienrat van der Straaten mit der 17jährigen(!) Melanie de Caparoux zustande kommt. „Versachlicht" ist die Beziehung zwischen Effi und Innstetten von Beginn an zum einen, weil dem Subjekt Innstetten kein eigenständig handelndes Subjekt Effi gegenübersteht, zum anderen, weil schon von dem Ehebegehren, dem darauf folgenden Schweigen Effis, der anschließenden Zeremonie der Verlobung und der Abreise Innstettens am nächsten Tag eine Atmosphäre ausgeht, die eher an den erfolgreichen Geschäftsabschluß eines Handelsvertreters erinnert als an einen hoffnungsvollen Ehebeginn. „Versachlicht" erscheint die Beziehung Effis zu Innstetten auch im Vergleich zu der Vorgeschichte, die es nahelegt, von einem Doppelcharakter der Ehe Briest/Innstetten zu sprechen. Sowohl aus der Perspektive des Erzählers wie aus der für ihre „spitzen Redensarten" bekannten Frau des Pastors Niemeyer haftet Innstettens Partnerwahl der Eindruck einer „Ersatzbindung" an: „... *sie* (d.i. Frau v. Briest) hatte es nicht sein können, nun war es statt ihrer die Tochter – alles in allem ebensogut oder vielleicht noch besser" (S. 15). Effi kennzeichnet ihren Freundinnen gegenüber die frühere Beziehung der Mutter zu Innstetten als: „eine Liebesgeschichte mit Held und Heldin, und zuletzt mit Entsagung" (S. 6). Daran gemessen nehmen sich die Begleitumstände der Eheschließung Effis mit Innstetten prosaischer aus, ja man könnte geradezu von einer Umkehrung der erstgenannten Beziehung sprechen: Keine Liebesgeschichte, eine Ehegeschichte und gleich zu Beginn mit „Entsagung". Während die „Entsagung" (Absage) der Mutter an Innstetten jedoch der pragmatischen Einsicht entspringt, daß Briest, „der schon Ritterschaftsrat war und Hohen-Cremmen hatte" (S. 9), dem jugendlichen Liebhaber vorzuziehen sei, bleibt die „Entsagung" Effis gegegenüber Innstetten unausgesprochen. Sie bildet aber in der Form emotionaler Distanz ein Leitmotiv, das die ganze Ehegeschichte durchzieht und in Effis Schweigen („Effi schwieg", S. 14) seinen Ausgang nimmt.

In diesem Zusammenhang hat Mende in seinem Fontane-Aufsatz darauf hingewiesen, daß in „Effi Briest" die „zwischengeschlechtlichen Beziehungen, eheliche wie voreheliche" immer dann scheitern, „wenn Sexualität zum Problem wird". Dies zeige sich, so Mende, „bei den Ehelosen, den Junggesellen und Jungfern (z. B. Roswitha, Johanna, Sidonie v. Grasenabb), den Verwitweten (die Zwicker u. a.), den Verheirateten (die Briests, die Innstettens, die Crampas', die Kruses u. a.)" (Mende S. 200). Die Ausdrucksformen solch gescheiterter Beziehungen sind vielschichtig und reichen von Altjüngferlichkeit, Tabuisierung, Gewöhnung, Somatisierung, Ironisierung bis hin zu Ehebruch und Scheidung. In Crampas' und Effis Dünenaufenthalten manifestieren sich die Defizite bestehender Beziehungen nur am deutlichsten, aus der Melancholie der Ehefrauen von Crampas und Kruse (S. 105) oder aus den „Zweideutigkeiten" des alten Briest (S. 33) müssen sie erst noch psychoanalytisch freigelegt werden. Der Ausgangspunkt ist immer ein vergleichbarer: Die Beziehungen erscheinen konventionalisiert und emotional abgestumpft. Liebevoller und zärtlicher Umgang wird bestenfalls auf der Ebene Kind/Mutter geduldet, bei Erwachsenen ausgeklammert. Doch selbst dort, wo Leidenschaft als kindliche Spontaneität zum Ausbruch kommt (Effi lief auf die Mama zu und „umarmte sie stürmisch und küßte sie", S. 5) ist sie schon Gegenstand der Sorge und Bedrohung: „Nicht so wild, Effi, nicht so leidenschaftlich. Ich beunruhige mich immer, wenn ich dich so sehe ..." (S. 5). Hier werden, ganz in Fontanes Stil der vorausweisenden Anspielung, „Gefährdungen" angedeutet, die sich in den Kessiner Ehejahren mit Innstetten ja dann auch einstellen. Zugleich wird aber in der Reaktion der Mutter Briest deutlich, daß sich elterliche Fürsorge stärker aufs Beunruhigen statt aufs Verstehen verlegt, wenn von Körperlichkeit und Sinnlichkeit die Rede ist. Überhaupt fällt die Welt der Gefühle und Stimmungen, was die Erziehung Effis durch die Mutter betrifft, entweder der Tabuisierung, Rationalisierung oder Mißachtung zum Opfer. Der Schlüsseldialog zwischen Effi und Mutter Briest im 4. Kapitel (S. 26–32) belegt dies mehrfach. Das Bekenntnis Effis, „hier", in Hohen-Cremmen, „immer glücklich gewesen, *so* glücklich ..." gewesen zu sein (S. 29), bewertet die Mutter wie folgt: „Das sind so Stimmungen, die über einen kommen, wenn man so jung ist wie du und vor der Hochzeit steht und vor dem Ungewissen" (S. 29). Effis phantasievoller, mit allerlei erotischen Motiven verknüpfter Vorstellung vom zukünftigen Schlafzimmer in Kessin, „japanischer Bettschirm ... goldene Vögel darauf, alle mit einem langen Kranichschnabel ... Und dann vielleicht noch eine Ampel ... mit rotem Schein" (S. 26/27), begegnet die Mutter zwar sichtlich „bewegt" (S. 27, Z. 29), fügt aber aus ernüchternder Erwachsenenperspektive hinzu: „Du bist ein Kind. Schön und poetisch. Das sind so Vorstellungen. Die Wirklichkeit ist anders, und oft ist es gut, daß es statt Licht und Schimmer ein Dunkel gibt" (S. 27). Die Desillusionierung des Vorstellungsbereichs „Schlafzimmer", die Effis Mutter hier vornimmt, weist zum einen auf Ernüchterungen im Hause der von Briests selbst, zum anderen nimmt sie vorweg, was wir aus dem Munde des Fontaneschen Erzählers über die Kessiner Abende im Hause von Innstettens erfahren: „Es war fast zur Regel geworden, daß er (d. i. Innstetten) sich, wenn Friedrich die Lampe brachte, aus seiner Frau Zimmer in sein eigenes zurückzog. ‚Ich habe da noch eine verzwickte Geschichte zu erledigen.' Und damit ging er" (S. 103). Distanz statt Nähe ist ein Grundzug der Beziehung zwischen Effi und Innstetten von Anfang an und daher auch das entscheidende Motiv für das Scheitern der Ehe. Die Bedürfnisse Effis „natürlich auch für Zärtlichkeit und Liebe" (S. 29), die im Hause der Eltern nicht zur Kenntnis genommen bzw. verdrängt werden, „weil Liebe, wie Papa sagt, doch nur ein Papperlapapp ist, was ich aber nicht glaube" (S. 29), bleiben von Innstetten gänzlich unbefriedigt. Die ersten Briefe, die Effi vor der Hochzeit von Innstetten erhält, zeigen bereits an, was sich in den Kessiner Ehejahren bestätigt: Innstettens Unvermögen, sich emotional mitzuteilen. „Geheimnisse!", entgegnet Effi den Vermutungen der Mutter, „Ja, er nimmt immer einen Anlauf, aber das meiste könnt' ich auf dem Schulzenamt anschlagen lassen, da, wo immer die landrätlichen Verordnungen stehen" (S. 30). Diese despektierlichen Bemerkungen über den Ehemann in spe entsprechen, auch in der pointierten Schärfe, so gar nicht dem Ton der 17jährigen Tochter, die von der Schaukel weg zur Frau Landrätin gemacht wird. Sie thematisieren jedoch sehr einsichtig den Zwiespalt der Figur Innstettens selbst. Effis Gespür, den Kältestrom der Briefe betreffend, ist das eine, ihre Sensibilität, aber auch den „Anlauf" wahrzunehmen, das andere, was für das Verständnis der Persönlichkeit Innstettens entscheidend ist. Während an dieser Stelle des Romans der Zwiespalt Innstettens eher beiläufig registriert wird, bringt Effi in einem der seltenen Gespräche mit Innstetten im ersten Kessiner Ehejahr das Problem auf den Begriff: „... du bist, wie der Schwantikower Onkel mal sagte, ein Zärtlichkeitsmensch und unterm Liebesstern geboren, und Onkel Belling hatte recht, als er das sagte. Du willst es bloß nicht zeigen und denkst, es schickt sich nicht und verdirbt einem die Karriere. Hab' ich's getroffen?" (S. 123). In der Tat unterwirft sich Innstetten auch im privatesten Bereich fast widerspruchslos einem vermeintlichen gesellschaftlichen Erwartungsdruck, den das öffentliche Amt in Kessin und die auf diesem aufbauende Berliner Karriere erfordern. In der späteren Entscheidung zum Duell wird nur signifikant, was sich an früheren Stellen schon andeutet: Die Ehe Effis mit Innstetten hat auch einen öffentlichen Charakter und unterliegt daher auch Innstettens „Prinzipien". Danach war es „fast zur Regel geworden" (S. 103), daß Innstettens Abende mit Aktenstudium begannen, um gegen zehn „in ein paar wohlgemeinten, aber etwas müden Zärtlichkeiten, die sich Effi gefallen ließ" (S. 103) auszuklingen; danach galt es als undenkbar („ich habe keine andere Wahl" S. 77), die Angstgefühle der Ehefrau ernster zu nehmen als gesellschaftliche Verpflichtungen beim „Fürsten" (vgl. S. 77); danach galt als „verloren", wer sein Haus verkaufte, um einem Spuktrauma ein Ende zu bereiten (vgl. S. 78); danach verlangte der Ehebruch seine Opfer. Für individuelle, sich in die Motive des anderen einfühlende Handlungsweisen war kein Platz, weil nur die beschwörende Rücksicht auf „das Ganze" (Innstetten im Dialog mit Wüllersdorf S. 239) *die* Strukturen emotionaler und gesellschaftlicher Repression am Leben erhielt, die auch die Grundlage für die Ehe Innstettens ausmachten.

Die eingangs von D. Mende diagnostizierte „Versachlichung" menschlicher Beziehungen in Fontanes Eheromanen kann nur zu Bindungen führen, die den Verlust eigener Identität in Kauf nehmen, um den äußeren Schein wahren zu können. Wo sich das Individuum dem entgegenstellt, sei es durch Eheverweigerung (vgl. „Effi schwieg" S. 14) oder durch Ehebruch (vgl. Crampas-Geschichte S. 104ff.) werden Konventionen und Tabus verletzt, die harte gesellschaftliche Sanktionen nach sich ziehen. Daß der Vollstrecker dieser Sanktion, wie im Falle Innstetten, selbst zu den Opfern gehört (Crampas verliert „nur" das Duell), macht gerade die Fragwürdigkeit deutlich, unter der hier das gesellschaftliche Normengefüge wiederhergestellt wird. Bezeichnenderweise, und hierin liegt die Tragik Innstettens, kann er sich zu dieser Fragwürdigkeit nur abseits der Öffentlichkeit bekennen. Noch am Abend des Duells („er war allein im Kupee" S. 247) entlarvt er das als „halbe Komödie", was er noch Tage zuvor, dort allerdings mit Wüllersdorf öffentlich sprechend, als unausweichliches „Ich muß" (S. 240) betrachtet. Für den Romanverlauf bleiben Innstettens Selbstzweifel folgenlos. Vielmehr fällt auf, daß sich Art und Umstände der Ehescheidung von der der Eheschließung im Kern kaum unterscheiden: beides vollzieht sich fast unter Ausschluß Effis. „... Und dann, Johanna, noch eins: die Frau kommt nicht wieder" (S. 249).

Schwerpunktsetzungen – Intentionen – Ziele

Die vierstündige Sequenz „Ehe Briest–Innstetten" konzentriert sich vor allem auf die Umstände der Eheschließung und faßt die Vorgänge während der Kessiner Ehejahre nur in einer Abschlußstunde zusammen. Die Crampasgeschichte und die für die Motivierung der „Ehebruchsgeschichte" wichtigen Aspekte um den Chinesenspuk bleiben bewußt ausgespart und werden in einer eigenständigen Sequenz behandelt. Drei Stunden Konzentration auf den Handlungsverlauf bis zum 5. Kapitel, einstündiger Überblick über die in

fast 20 Kapiteln abgehandelten zwei Kessiner Ehejahre, dies muß vorab begründet werden. Der „Keim des Ganzen“ (Fontane an Karpeles 1880), der in der epischen Exposition des Romans bereits sehr früh angedeutet wird (vgl. 3. Stunde), erfordert eine sorgfältige Spurensicherung der Motive und Verhaltensweisen aller an der Eheentscheidung mitbeteiligten Personen. Ziel ist es, schon in den Voraussetzungen der Beziehung Effi/Innstetten die Konflikt- und Gefährdungspotentiale aufzuzeigen, die sich in Kessin ja auch einstellen. „Mit einer Art Naturnotwendigkeit“ komme dieser Ehebruch, schrieb ein Zeitgenosse Fontanes (Brief E. v. Bodenhausen an K. Mutzenbecher vom 4. März 1886) und verwies in diesem Zusammenhang auf die vorausgreifenden Anspielungen vor allem Luise Briests. Ihrem Charakter und ihrem Anteil an der Geschichte gebührt, betrachtet man den Spannungsgehalt zwischen realem Handeln und einsichtiger Reflexion, ein Schwerpunkt in der Unterrichtsbesprechung.
Effi, „das Kind“, Innstetten, „ein Mann von Prinzipien“, die Geborgenheit und Abgeschlossenheit Hohen-Cremmens, Kessin als Sprungbrett zur Berliner Gesellschaft, das Haus des Ritterschaftsrats von Briest und seiner Frau Luise – hinter all diesen Einzelaussagen verbergen sich auch gesellschaftliche Strukturen des Bismarckschen Zeitalters, die es freizulegen gilt. Die Schwierigkeit, die ab der Duellgeschichte signifikante Verknüpfung von Ehe- und Zeitroman schon aus den vorangehenden Handlungsteilen herauszuarbeiten, verlangt, die von Fontane im Mikrokosmos zwischen Hohen-Cremmen und Kessin oft nur angedeuteten gesellschaftlichen Verhältnisse, in denen die Personen handeln, sichtbar zu machen. Die Suche muß sich dabei vielfach ins Detail, ins scheinbar Nebensächliche und Beiläufige vertiefen, was für den Unterricht aber überraschenderweise auch motivationsfördernd sein kann.

4. Stunde: „Natürlich muß er von Adel sein.“ – Partnerwahl und gesellschaftliche Konventionen

Phase 1 und 2

„Ratsam ist und bleibt es immer
Für ein junges Frauenzimmer,
einen Mann sich zu erwählen
Und wo möglich zu vermählen.
Erstens: will es so der Brauch.
Zweitens: will mans selber auch.
Drittens: man bedarf der Leitung
Und der männlichen Begleitung;
Weil bekanntlich manche Sachen,
Welche große Freude machen,
Mädchen nicht allein verstehn;
Als da ist: ins Wirtshaus gehn. –
Freilich oft, wenn man auch möchte,
findet sich nicht gleich der Rechte;
Und derweil man so allein,
sucht man sonst sich zu zerstreun.“
(Wilhelm Busch)

Der hier gewählte Einstieg in die Besprechung der Art (Schüler als Ehevermittler; vgl. Arbeitsblatt) und Umstände von Effis Eheschließung dient nicht allein der Motivation. Nimmt man die heutige Institution der professionellen Ehevermittlung (bei allen berechtigten Einwänden) wie die individuelle Partnersuche per Zeitungsannonce ernst, so lassen sich schon aus wenigen ausgewählten Partnergesuchen bestimmte Kategorien der Selektion ermitteln.
Dabei muß jedoch klar sein, daß die gewählte Form der Selbstdarstellung der Suchenden wie die genannten Erwartungen an den (die) Gesuchte(n) noch nichts über die letztlich entscheidenden Auslösungsfaktoren bei einer Partnerentscheidung

Heiraten und Bekanntschaften

35 J., gutaussehender, sportl. Unternehmer, finanziell gesichert, sucht mangels Gelegenheit für Kurz-Reisen, Wochenend u. Tagesfreizeit eine wirkliche Spitzenfrau – Top-Modell bis 25 J. Kein Wunsch bleibt unerfüllt.
Zuschriften S 4882601, Postfach 2740, 1 Berlin 1

Bin 33/176, sehr schlank, suche nettes Mädchen zum Reden, Ausgehen (Tanzen, Theater, Konzerte), Liebhaben und Träumen. Welches Mädchen ist einsam und schreibt mir (vielleicht mit Bild)?
Zuschriften Z 4870721, Postfach 2740, 1 Berlin 1

Arbeiter 35/170 wünscht einfaches, solides und ehrliches Mädchen zwecks Freizeitgestaltung! Dauerfreundschaft erwünscht. Bild?
Zuschriften Z 4877726, Postfach 2740, 1 Berlin 1

Porschefahrer, 25, sucht fetziges Jeans-Girl, das gerne Minirock oder Hot pants trägt, für Treffs, bitte Telefon und Bild.
Zuschriften S 4891974, Postfach 2740, 1 Berlin 1

Trotz interessantem Beruf und vielseitiger Interessen suche ich, 27/177, männl., schlank, angeblich recht gut aussehend, die Nummer eins in meinem Leben. Welche schlanke, attraktive Sie (18–26 J.) antwortet ausnahmsweise auf eine Anzeige? Beantworte jede Zuschrift – großes Ehrenwort!
Zuschriften Z 4884821, Postfach 2740, 1 Berlin 1

Schwabe, kfm. Ang., 48/1,74, schlank, dunkler Typ, vorzeigbar und jünger aussehend, Nichtraucher, sucht sympathische, gutaussehende, schlanke Sie bis 43 J., evtl. für immer. Möglichst nur Bildzuschriften (zurück).
Zuschriften Z 4879136, Postfach 2740, 1 Berlin 1

Millionär – Junggeselle, 45/180, sportl., blend. Erscheinung, jedoch kein bißchen eingebildet, mit inter. Hobbies, sucht keine Gespielin, sond. liebevolle, zärtl., treue Frau zum Heiraten; auch verw., gesch. und mit Kind. Zuschrift an W 305.

Sabine, 25 Jahre, ein jung. frisches **Bauernmädel,** das es wirklich ernst meint! Mit ihrem Charme

Bestellschein für eine Kontaktanzeige

Diese Bekanntschafts- oder Heiratsanzeige erscheint unter Chiffre-Nummer. Ihr Name wird nicht bekanntgegeben.

Die Zuschriften werden übersandt oder können von Ihnen abgeholt werden.

Es gelten die Allgemeinen Geschäftsbedingungen.

Text: ____________________
____
____
____
____
____
____
____
____

Textänderung vorbehalten.

Bank: __________ Konto-Nr.: __________ BLZ: __________

Erteilen Sie Abbuchungsauftrag. Geben Sie Ihre Kontonummer an.

☐ Offerten zusenden ☐ Werden abgeholt

Name, Vorname: __________

PLZ, Wohnort: __________

Straße, Nr.: __________

Unterschrift: __________

Bitte senden an:
BERLINER TAGBLATT
Keithstr. 9, GROSS-BERLIN
Die kleine Anzeige mit großem Erfolg!

aussagen. Sie grenzen jedoch den Kreis der Interessenten durch Angaben über Alter, Aussehen, Beruf, Freizeitinteressen, Vorgeschichte, landsmannschaftliche Zugehörigkeit etc. ein.
Indem die Schüler in einem weiteren Arbeitsschritt selbst die Funktion der Partnervermittlung übernehmen, kann festgestellt werden, wie sehr sie (übrigens auch die Lehrer) den in den Anzeigen teilweise zum Ausdruck kommenden Rollen- und Normenklischees unserer Gesellschaft unterworfen sind. Sowohl bei statushomogenen Zuordnungen (Modell: Akademiker/Lehrerin; Arbeiter/Bauernmädel) wie bei geschlechtsspezifischen Altersfixierungen (meist Altersvorsprung des Mannes) kann sichtbar gemacht werden, wie sehr auch in heutiger Zeit, in der die Partnerwahl im wesentlichen durch individuelle Ziele und Wünsche bestimmt ist, bestimmte gesellschaftlich vermittelte Konventionen entscheidungsbeeinflussend wirken. F. Neidhardt hat in diesem Zusammenhang darauf verwiesen, daß „selbst so scheinbar persönliche Vorstellungen wie Schönheitsideale und sexuelle Intimwünsche im gewissen Maße gesellschaftlich vermittelt sind und wechselnden Moden unterliegen“ (Neidhardt, S. 41).
Im Gespräch mit Schülern anhand der Anzeigenauswertung, aber auch unter Einbeziehung eigener Partnervorstellungen ein differenziertes Problembewußtsein zu schaffen, erscheint um so wichtiger, als sonst bei der Beurteilung der Romanehe Effi/Innstetten allzu simplifizierend, weil die Traditionskonstante vernachlässigend, verfahren wird. Ebenso notwendig allerdings ist, und dies soll am Ende dieser Sequenz aufgearbeitet werden, auf den Funktionswandel von Ehe und Partnerschaft in unserer heutigen Gesellschaft hinzuweisen.

Heiratsanzeige 1885 (Beiblatt zum Kladderadatsch, 1885)

Phase 3

Der Entwurf einer Kleinanzeige für das Berliner Tagesblatt um 1890, in der Effi und Innstetten als Partnersuchende erscheinen, leitet zu einer auch für Fontanes Zeit denkbaren Form der Ehevermittlung über. Hier wird bewußt zunächst so getan, als wären die Akteure zu einer freien Partnerwahl fähig, was ja bei Effi keineswegs der Fall ist. In diesem eher spielerischen Versuch eines Anzeigenentwurfs geht es für die Schüler zunächst darum, aufgrund der über Effi und Innstetten allein in den ersten drei Kapiteln gemachten Angaben die signifikanten Charakteristika herauszufinden und mögliche Partnererwartungen festzuhalten, die in einer Anzeige für einen Leserkreis dieser Zeit Signalwirkung haben könnten. Bei aller vom Texttypus her erzwungenen Reduktion und bei aller Lust der Schüler zur kreativen Ausgestaltung sollte darauf geachtet werden, daß alle Angaben der Anzeige belegbar sind. Gerade in diesem Zusammenhang kann auf den Aspekt der Perspektivengebundenheit und damit auf die Interessensausrichtung bestimmter Angaben innerhalb des Romans hingewiesen werden. Je nachdem, ob Effi z. B. Innstetten als ehemaligen Jugendfreund der Mutter oder als zukünftigen Ehemann charakterisiert, wechseln die Attribute.

Heiraths-Offerte.

Ein gut situirter 34jähriger Mann, Besitzer eines rentablen Unternehmens, sucht sich baldigst zu verehelichen. Beansprucht wird höchst anständige Familie, feine Bildung, gefallendes Exterieur und eine Mitgabe von 30 Tausend Thaler. Ernstgemeinte Anträge (Discretion selbstverständlich) unter **J. A. 8280 an die Exped. des Berliner Tageblattes** erbeten.

5. Stunde: „Ist es denn auch der Richtige?" – Handlungsmotive der Partnerwahl Effi–Innstetten

Phase 1:

Beispiele von Anzeigenentwürfen:

(1) Junge verspielte Tochter aus adligem Hause sucht gutaussehenden Partner in guter Stellung. Nur Zuschriften von Adel. Raum Hohen-Cremmen Schwantikow wünschenswert.

(2) 38jähriger Baron, Landrat mit besten Regierungskontakten sucht standesgemäße Sie (bis 25), für die einige Jahre Hinterpommern kein Hindernis sind.

Die Anzeigen, und dies ist für fast alle Schülerentwürfe kennzeichnend, unterstreichen standeshomogene Erwartungen. Wo, wie im vorliegenden Fall noch der Altersunterschied und bestimmte regionalspezifische Besonderheiten aufgenommen werden, ließe sich schon an dieser Stelle über Beziehungsmöglichkeiten bzw. Hindernisse diskutieren. Daß die Angaben dabei aufs Äußerliche reduziert bleiben, entspricht durchaus dem realen Zustand der Beziehung zwischen Effi und Innstetten vor der Eheschließung.

Phase 2 und 3

In dieser Stunde steht, ausgehend von der Besprechung der selbstverfaßten Eheannoncen, die Frage von Effis Freundin Hertha im Vordergrund: „Ist es denn auch der Richtige?" (S. 16). Dabei hängt der Verlauf der Stunde entscheidend davon ab, wie ergiebig mit den aus der Personencharakterisierung gewonnen Attributen gearbeitet werden kann. Ziel ist es, die Schüler selbst in die Lage der handelnden Romanfiguren zu versetzen, deren Handlungsmotiven nachzuspüren. Gelänge es auf diese Weise, sich die Ausgangsbedingungen der Romanehe genauer zu vergegenwärtigen, so könnte man z. B. im Falle der vorliegenden Schülerentwürfe prüfen, ob die räumliche Begrenzung auf „Hohen-Cremmen Schwantikow" sich mit Effis Bedürfnissen deckt oder ob Hinterpommern aus der Perspektive von Innstettens wirklich ein mögliches Ehehindernis zu begründen vermag. Selbst der bedenkenswerte Einwand einer Schülerin, „Effi suche gar niemanden", insofern sei auch die Hausaufgabe nur teilweise zu leisten gewesen, kann ins Zentrum der Romananalyse führen.

Wichtig erscheint in dieser Phase, die Einführung der beiden Romanfiguren Effi und Innstetten nochmals genauer zu betrachten und durch Textbelege die entscheidenden Charakteristika und Bewertungen beider Personen einander gegenüberzustellen. Welt der Kindheit und des Spiels einerseits, Berufs- und Karrierewelt der Erwachsenen andererseits, so könnten vorläufige Polaritäten benannt werden. Im Zusammenhang mit dieser Gegenüberstellung sollte auch nochmals festgehalten werden, daß von Innstetten aus der Sicht Effis zunächst als Jugendfreund(-geliebter) der Mutter eingeführt wird.

Die Gretchenfrage, wer zu wem, warum oder warum nicht „passe", entscheidet sich für viele Schüler an der Altersfrage. Daß Effi zu jung und Innstetten zu alt sei, erweist sich aber nur vordergründig als Hindernis. Spätestens die Crampas-Geschichte belehrt uns hier eines Besseren. Die Verknüpfung der Frage nach dem/der Richtigen mit der Vorgabe zweier Textstellen (vgl. Stundenblatt), wie in Phase 3 ausgewiesen, ist sinnvoll, weil sie allzu Spekulatives ausschließt und auf die zentralen Probleme beim Zustandekommen der Ehe Effi/Innstetten abhebt. Effis Einstellungswandel gegenüber Innstetten ist

äußerlicher Natur. Während im ersten Textzitat das Kind seine spontane Empfindung ausdrückt, spricht im zweiten Textzitat die Tochter der Familie Briest, die „Dame werden soll“. Mit dem Attribut „ältlich“ (nicht „alt“!) trifft Effi den Wesenszug von Innstettens, aus dem sich vieles von dem ableiten läßt, was die gemeinsamen Ehejahre in Kessin und Berlin ausmacht. Nicht der Unterschied des biologischen Lebensalters, sondern der Mentalität und Verkehrsformen ist es, der für die Perspektive dieser Ehe wenig Gutes ahnen läßt. Dies um so mehr, als Effis Antwort auf Herthas Frage das Fehlen einer freien, selbstbewußten Partnerwahl belegt. Hier kann im Sinne des vorangestellten Mottos von Wilhelm Busch nicht von „erwählen“, höchstens von „erwählt werden“ die Rede sein.
Wie im einführenden Teil der Sequenz 2 ausgeführt, kann hier erstmals auf den zentralen Zusammenhang von Ständegebundenheit und außengesteuerter Partnerwahl verwiesen werden. Effis Prioritätenliste 1) von Adel sein, 2) eine Stellung haben, 3) gut aussehen, zeigt alle Merkmale dessen, was die moderne Familiensoziologie als Voraussetzung der „Konvenienzehe“ im Gegensatz zur heute vorherrschenden „Konsensehe“ (vgl. König, S. 50) kennt. Die vor allem durch mütterliche Erziehung vermittelten Wertnormen Effis (vgl. nachfolgende Stunde) klammern in entlarvender Offenheit jede Regung von individuellem Bedürfnis aus („*Jeder* ist der Richtige, wenn nur . . .“). Austauschbarkeit der Person bedeutet das, wenn nur der äußere Rahmen stimmt, der Rest dessen, was Ehe vielleicht sonst noch ausmachen könnte, möge sich von selbst ergeben. Wo sich das Individuum diesem Anpassungsdruck an die „Verhältnisse“ beugt, kann wenigstens die Institution Ehe nach außen aufrechterhalten werden, wenn auch um den Preis des Verlusts der Identität vor allem des weiblichen Ehepartners. Wo, wie im Falle von Effi, das Individuum noch eine Spur seiner Empfindungen bewahrt hat und ihnen nachgibt, kommen die „Verhältnisse“ aus dem Scheingleichgewicht, fällt die Maskerade in sich zusammen. Das Ergebnis der in Phase 3 ausgewerteten Textstellen könnte darin liegen, im Vorgriff auf den späteren Verlauf der Ehe zu einer Umkehrung von Effis Schlüsselsatz zu gelangen: Nicht jeder ist der Richtige, auch wenn . . .

Phase 4

Innstettens Motive für eine Ehe mit Effi bilden den Abschluß der Stunde. Symptomatisch für diesen „Mann von Grundsätzen“ (32) ist, daß über die Beweggründe selbst nicht gesprochen wird, am wenigstens über mögliche Gefühle. Die Annäherung unter „freundlicher Verneigung“ (14), die dem Ehebegehren folgt, ist das Äußerste an Intimität, wozu Innstetten vor der Verlobung fähig ist. Die Hintergründe für Innstettens Eheentschluß müssen aus der Lebensbiographie und aus Andeutungen des Erzählers erst erschlossen werden. Der Zeitpunkt für die Ehe fällt mit dem Abschluß der Karrieregrundlagen zusammen. Kessin ist nur eine Etappe nach Berlin. Was dem Baron noch fehlt, ist das geeignete Repräsentationsobjekt für die vielfältigen gesellschaftlichen Pflichten, die auf den Landrat und Ministerialrat in spe warten. Drei Jahre Kessin als Landrat ohne Frau sind genug. Eine junge Frau an der Seite, historischer Adel von Briest, verschafft Anerkennung. Hinzu kommt persönliche Zuneigung, auch wenn die Vermutung erlaubt ist, daß sie mehr der Mutter und dem Hause der von Briests galt als der Tochter. Das Stichwort von der „Ersatzehe“, die Innstetten für die entgangene Beziehung zur Mutter entschädigt, wird im Roman von verschiedenen Figuren inhaltlich bestätigt (Effi S. 6, Mutter S. 15, Frau Pastor Niemeyer S. 16, Vater Briest S. 34). Mit diesem Aspekt der Ehe Innstetten/Briest ist das Thema der nachfolgenden Stunde schon genannt. Die Ehe als Versorgungsinstitution und als Befriedigung von Statusbedürfnissen sowie als gesellschaftlicher Tauschwert (für Innstetten) braucht einen Vermittler.

6. Stunde: „Du wirst deine Mama weit überholen." – Vom Anteil der Mütter an den Ehen der Töchter

Dies ist vor allem die Stunde der Mutter Luise Briest. Ziel ist es, ihren Anteil am Zustandekommen der Ehe Effi/Innstetten herauszuarbeiten und nach den Motiven für die mütterliche Ehenachhilfe zu fragen. Darüber hinaus soll im zweiten Teil der Stunde durch eine exemplarische Analyse des Elterndialogs am Tage nach der Hochzeit (S. 34–38) auf die inhaltliche und erzähltechnische Funktion der Elterngespräche im ganzen Romanverlauf verwiesen werden.

Phase 1

Zolas Textauszug über die Verhältnisse im Hause Josserand (Editionen – Mat. S. 318–320) liefert den Einstieg zu der Frage: Gibt es im Hause der Familie von Briest eine vergleichbare Situation? Dabei liefert der äußere Anschein, sieht man einmal von der Personenkonstellation Mutter – Tochter – Brautwerber ab, wenig, um diese Frage nicht allein als Provokation erscheinen zu lassen. Im Milieu der Zolaschen Figuren wird offen gesprochen („du bist eine Gans", „man fischt einen Mann", „Heulliese", „stell dich nicht so blöd") und zupackend gehandelt. Das Verhalten der Mutter, sie hat die Szene arrangiert, erfüllt den Tatbestand der Kuppelei. Die Fakten sind eindeutig: Berthe ist „ohne Vermögen", ihr Körper der einzige Tauschwert, den sie als Mitgift einbringen kann. Der Einsatz erscheint der Mutter lohnend, sozialer Aufstieg (aus Kanzleischreiberverhältnissen zur Frau eines „Bürovorstehers") wäre erreicht. Das Schamgefühl der Tochter macht den Plan zunichte, was die Mutter „in ihrem nachgerade wütenden Wunsch nach einer sofortigen Heirat" (S. 320) nicht davon abhält, die Unterweisungen aufzunehmen, die nach gängigen Klischees von Verführungsritualen nötig sind, um die Tochter „unter die Haube zu bringen". Auf den Begriff zu bringen wäre bei der Besprechung dieses Textauszugs und der sie ergänzenden Schülerinformation über den Zola-Roman (z. B. Kindler Literaturlexikon), daß menschliche Beziehungen hier allein unter Sachwertaspekten abgehandelt werden. An die Stelle spontaner Liebesbeziehungen tritt initiiertes und kalkuliertes Partnerverhalten, die Ehe wird zum Geschäft. Daß die Sympathien des Erzählers dem Opfer gehören (S. 319, Z. 5, 6 und S. 320, Z. 11, 12), ändert zwar noch nicht die Verhältnisse, die die Handlungsweise der Zolaschen Figuren bestimmen, macht aber auf die Notwendigkeit ihrer Veränderung aufmerksam.

Phase 2

Die Szene im Hause Josserand lenkt den Blick zwangsläufig auf die Rolle Luise Briests bei der Eheschließung Effis. Die provokative Frage: „Trägt auch die Mutter Briest Züge der Kupplerin?" wäre jedoch schon eine Vorwegnahme dessen, was erarbeitet werden soll. Worauf es in dieser Phase ankommt, ist, den Schülerblick zu schärfen für die versteckten, aber psychologisch um so effektiveren Techniken, die Luise Briests Überredungsstrategien ausmachen. Was sich auf den ersten Blick im Vergleich mit Zolas Textauszug noch als Unterschied erweist, rückt nach der Analyse enger zusammen und erweist sich als die Kehrseite derselben Medaille: Partnerwahl und Entscheidungskompetenz unterliegen elterlicher (hier mütterlicher) Gewalt, die Tochter wird zum Eheobjekt. Nur in der Wahl der Mittel, und damit in der Evidenz der Entmündigung unterscheiden sich die Handlungsweisen der Mütter gegenüber den Töchtern. Ein Minimalergebnis des Vergleichs müßte sein: direkte, eingreifende Sprech- und Handlungsweise im Hause Josserands – psychologisch taktische, Scheinautonomie der Tochter wahrende Sprech- und Handlungsweise im Hause Luise Briests. Weil in der Art und den Umständen der Eheschließung Effis mit Innstetten ein entscheidender Grund für das Scheitern dieser Beziehung liegt, sind die Mühen der Detailarbeit am Text (hier: S. 13, Z. 21 – S. 14, Z. 35) unumgänglich. Ein vorstrukturiertes Arbeitsblatt (s. Stundenblatt), das von den Schülern durch Textbelege und Angaben zur Intention der rhetorischen Mittel in dieser Szene ergänzt werden kann, ersetzt diese Mühen nicht.

Die Auswertung des Arbeitsblattes sollte die Textsituation als ein von der Mutter Briest bestimmtes und kalkuliertes Arrangement offenlegen, ein Überraschungs- und Überrumpelungsmanöver, dem die Tochter hilflos ausgeliefert ist. Der sehr versteckten Beeinflussungs- und Überredungskunst Luise Briests liegt vor allem die Karriere- und Statuserwartung der Tochter als Frau von Innstetten zugrunde. Damit verschafft sich die Mutter auch einen Ersatz für eigene, an der Seite Briests entgangene Statuserwartungen (vgl. hierzu auch Phase 4 der vorangehenden Stunde). Fazit, und für den Fortgang der Romanuntersuchung wegweisend, ist, daß der Eheantrag Innstettens von Effi unbeantwortet bleibt („Effi schwieg und suchte nach einer Antwort, aber ehe sie diese finden konnte, hörte sie schon ...“ S. 14, Z. 22ff.). Die das nachfolgende Kapitel einleitende nüchterne Erzählermitteilung: „Noch an demselben Tage hatte sich Baron Innstetten mit Effi Briest verlobt“ (S. 15) unterstreicht, daß es sich bei dem, was folgt, nicht um die Beziehung autonom handelnder Partner handelt, von einer Liebesehe ganz zu schweigen.

Phase 3

Nur straffe Lehrersteuerung in Phase 2 kann den Schülern die notwendige Textarbeit zu Phase 3 als Hausaufgabe ersparen. Der 1. Elterndialog des Romans – es ist der Tag nach der Hochzeit – nimmt eine Schlüsselstellung für die Interpretation ein. Er greift die Vorgänge der zurückliegenden Wochen nochmals kommentierend auf und endet in einer scharfsinnigen Mängelanalyse der Ehe Effi/Innstetten, die all die Gefährdungspotentiale nennt, die sich in den Kessiner Ehejahren dann auch einstellen. „Gefiel dir Effi? Gefiel dir die ganze Geschichte?“ (S. 35, Z. 22), diese sorgenvolle Frage Briests, in deren Formulierung schon eine Distanzierung von den Umständen der Eheverbindung anklingt, leitet Überlegungen Luise Briests ein, die zu ihrem realen Verhalten der in Phase 2 analysierten Situation im Widerspruch stehen. Ziel dieser Phase ist es, die Diskrepanz zwischen Einsicht und praktischem Handeln herauszustellen, die zuvor getroffene Bewertung Luise Briests nochmals zu überdenken (Rolle der Kupplerin?), Erklärungen zu suchen, warum die Mutter im Wissen um die Stärken und Schwächen Innstettens und um die Bedürfnisse der eigenen Tochter (Schlüsselbe-

griffe: „Vergnügungssucht und Ehrgeiz" S. 37, Z. 6) die Bindung herstellt, statt sie zu verhindern.
Es liegt nahe, an dieser Stelle im Unterricht auf die erzähltechnische und inhaltliche Funktion der Eltengespräche im gesamten Romanverlauf einzugehen. Alle vier Briest-Dialoge (S. 34–38; S. 217–219; S. 282–83; S. 301–302) bilden gleichsam zur Handlungsebene eine Reflektionsebene, die den Erzählablauf unterbricht. Geprägt sind die Gespräche von elterlicher Sorge um das Glück der Tochter, die beiden ersten Dialoge vor der Entdeckung des Ehebruchs von Vorausdeutungen und Befürchtungen, die beiden Dialoge nach der Entdeckung des Ehebruchs von Einsicht in Mitverantwortung. Die Ernsthaftigkeit und Sensibilität, selbst noch in den ironischen Brechungen und Zweideutigkeiten des Vaters spürbar, steht im völligen Kontrast zum wenig einfühlenden Verhalten der Briests bei der Eheinszenierung Effis. „Es hätte nur *eines* Gesprächs vom menschlichen Format der Elterndialoge vor der Eheschließung Effis mit Innstetten bedurft, und Effi wäre ihr Schicksal, uns Schülern Fontanes Roman erspart geblieben", dieses Ergebnis eines Schülerreferats mit der Aufgabenstellung „Untersuchen Sie inhaltlich und formal die Elterndialoge im Roman, und vergleichen Sie das Elternbild der Dialoge mit dem bis zum 4. Romankapitel vermittelten Bild der Briests" könnte im Unterricht auch Ausgangspunkt für eine Auseinandersetzung mit den in dieser Phase zu erarbeitenden Fragen sein. Für Interessenten Fontanescher Dialogtechnik seien hier noch einzelne Untersuchungsaspekte genannt: Umstände der Dialogeröffnung, Dialogführung (Rede/Replik), Dialogabschluß (Rolle Wilkes und Friedrichs in diesem Zusammenhang), symbolische Vorwegnahme (vgl. z.B. S. 37 ein bei der Hochzeit zersprungenes Weinglas).

7. Stunde: „Was ihr in ihrer Ehe eigentlich fehlte." – Motivierung des Ehebruchs

Fast zwei Drittel der erzählten Romanhandlung spielen in Kessin. Zwischen der Ankunft des Ehepaares Innstetten Mitte November zu Beginn des 6. Kapitels (S. 40) und dem von Effi herbeigesehnten Schauplatzwechsel nach Berlin am Ende des 23. Kapitels („Nun, mit Gott, ein neues Leben!" S. 206) sind noch nicht einmal zwei Ehejahre vergangen. Dennoch, und das ist ein Ziel dieser Stunde, ist der größte Teil der Kessin-Handlung für die Ehe Effi/Innstetten nur eine Ausgestaltung der Problemaspekte und Vorausdeutungen, die in den ersten 5 Kapiteln schon angelegt sind. Auch der dramatische Höhe- und gleichsam Wendepunkt der Kessiner Jahre, die Crampas-Geschichte, hat seinen Ausgangspunkt nur dem Ort nach in den Dünen hinter Utpatels Mühle, der Sache nach in den Umständen der Eheschließung in Hohen-Cremmen. Das Motivgeflecht für Effis Bereitschaft zum Ehebruch, das in dieser Stunde erarbeitet werden soll, resultiert sowohl aus Defiziten, die in der Person Innstettens als Ehepartner angelegt sind, als auch aus Mängeln, die in der spezifischen Situation Kessins begründet sind. Daß sich beide Bereiche gegenseitig durchdringen, zeigen nicht zuletzt die Vorgänge im „Spukhaus" der Familie Innstetten, die ebenso wie die eigentliche Verführungsgeschichte in späteren Stunden untersucht werden sollen.
Die Raffung der Kessiner Vorgänge in dieser Stunde gründet in der Einsicht, daß Kessin nicht die Ursache für das Scheitern der Ehe Effis ist. Die Situation in Kessin beschleunigt und vertieft die Beziehungskrise und liefert in der Person Crampas den notwendigen Verführer von außen

(auch dies ein Indiz für den „Notstand" Kessins!), mehr nicht.
In einer Stunde, die die Bedeutung Kessins für die Ehe Effis zum Thema hat, kann nicht erarbeitet werden, wofür Kessin auch steht und was Fontane in epischer Breite ausmalt: ein Genrebild einer pommerschen Kleinstadt in der Bismarck-Zeit mit landrätlichem Verwaltungssitz und umliegenden Rittergütern, deren landadelige Repräsentanten – „mittelmäßige Menschen, von meist zweifelhafter Liebenswürdigkeit" (S. 63) – die Gesellschaft ausmachen.

Phase 1

Das Einstiegszitat „Unser gutes Kessin war ein Unglück für mich", (S. 216) beurteilt Kessin aus der Berliner Retrospektive, der Ehebruch liegt zurück, seine Entdekkung steht noch bevor. Auf den ersten Blick enthält Effis Aussage zwei sich widersprechende Bewertungen („gutes Kessin" und „Unglück"). Das Pronomen „unser" evoziert ein einvernehmliches positives Urteil über Kessin, mit dem Pronomen „mich" wird das Folgeurteil „Unglück" auf Effi begrenzt. Zitatvarianten wie: „Dein gutes Kessin war ein Unglück für mich" oder „Unser gutes Kessin war ein Unglück für uns" können die Auseinandersetzung mit Effis Einschätzung bereichern. Berücksichtigt man, daß Effi mit der Formulierung „unser gutes Kessin" eine Redeweise Innstettens aufgreift, die dieser erstmals bei der Einführung Effis in Kessin eher ironisch verwendet (vgl. S. 42), dann kann sich die Widersprüchlichkeit des Einstiegszitats auch als eine scheinbare herausstellen. Produktiv für das Unterrichtsgespräch läßt sich dieses Zitat in jedem Falle machen, erfordert seine Beurteilung doch zunächst, daß man sich die zentralen Figuren und Ereignisse der Kessiner Jahre vergegenwärtigt. Wer oder was repräsentiert das „gute Kessin"? Eine Frage wie diese macht es sinnvoll, die über Kessin gesammelten Informationen nach der Handlungschronologie zu ordnen. So kann aus einer Stichwortfolge wie Chinese – Spukhaus – Gieshübler – Rollo – Innstettens Abwesenheit beim Fürsten in Varzin – Pflichtbesuche beim pommerschen Landadel – Trippelli – Anni – Roswitha – Crampas schon eine innere Beziehung zwischen den einzelnen Inhaltselementen hergestellt werden. Fragt man nach der Bedeutung und den Folgen der jeweiligen Fakten für Effi, so lassen sich diese leicht unter polarisierende Begriffspaare wie Fremdheit/Vertrautheit oder Nähe/Distanz subsumieren. Dadurch wird zugleich eine problemorientierte Zuordnung geleistet. Gieshübler, Rollo, Trippelli-Abende, Anni (ein „kleines Spielzeug", so Innstetten S. 98!), Roswitha und Crampas füllen Bedürfnisdefizite aus, die Effi aus dem Angst- und Einsamkeitsbewußtsein erwachsen. Vor allem der Chinesenspuk und Innstettens Umgang mit Effis Ängsten sind es, was die Irritation Effis in ihrer Ehe mit Innstetten fördert. Die Ablenkungsangebote der Kessiner Zeit sind zu bescheiden, um die Entfaltung der Irritation bis hin zur Verführungsbereitschaft verhindern zu können.
Die anschließende Unterrichtsphase stellt den Kessiner Ereignissen die Erwartungen und Befürchtungen Effis an eine Ehe mit Innstetten aus den Hohen-Cremmener Tagen entgegen. Um den mühsamen Prozeß der Belegstellensuche (z. B. Untersuchung des Mutter/Tochtergesprächs S. 26–29) hier abzukürzen, kann eine vorbereitete Folie mit ausgewählten Textzitaten vorgegeben werden (s. Arbeitsblatt). Der Vergleich macht signifikant, und dies ist Ziel dieser Phase, daß Kessin eigentlich nur fortführt und einlöst, was als Befürchtung oder Einsicht in Hohen-Cremmen schon ausgesprochen wird. Der Prio-

ritätenliste der 17jährigen: Liebe und Zärtlichkeit, Glanz, Ehre, Zerstreuung (vgl. S. 29) steht auf der Kessiner Habenseite gegenüber: der häufig abwesende Ehemann, das Spukhaus, Besuche bei den „mittelmäßigen" Borckes, Flemmings und Grasenabbs, die Trippelli-Abende und gelegentliche Besuche des „Menschen" Gieshübler. Was die Wünsche Effis angeht, ist Kessin nach dieser Gegenüberstellung eine einzige Enttäuschung. Was die Befürchtungen angeht, übertrifft Kessin die Erwartungen. Das Motiv der Angst, in Kessin gleich zu Beginn mit dem Chinesenspuk verbunden, greift die Bedrohungserwartung vom Ende des 4. Kapitels, hier auf Innstetten selbst bezogen („... ich fürchte mich vor ihm" S. 32), nur wieder auf. Die Gefährdungssignale für die Ehe Effi/Innstetten aus dem ersten Elterndialog (vgl. 3. Stunde) – „für die stündliche kleine Zerstreuung und Anregung, für alles, was die Langeweile bekämpft, diese Todfeindin einer geistreichen kleinen Person, dafür wird Innstetten sehr schlecht sorgen" (S. 37) – werden schon auf den ersten Seiten der Kessiner Handlung zur Gewißheit. Auch in den Briefen Effis an die Eltern, die die Verbindung nach Hohen-Cremmen und damit die Erinnerung an die geborgene Kindheit aufrechterhalten, sind die Klagen über „Langeweile" und „Einsamkeit" eine Konstante (vgl. z.B. S. 98).

Phase 2

Die diese Phase abschließende spekulative Überleitung, ob „Berlin" ohne die Zwischenstation „Kessin" das „Unglück" verhindert hätte (Was hätte sich dadurch geändert, was wäre gleich geblieben?), leitet zu einer Betrachtung über, die von den Mängeln des Kessiner Schauplatzes zu den Problemen des Ehemannes Geert v. Innstetten wechselt. Die Interdependenz von Handlungsort und Person muß an dieser Stelle mit thematisiert werden. Innstettens Handlungsweisen im privaten Rahmen der Ehe erklären sich zum Teil erst aus seiner gesellschaftlichen Stellung und dem Sozialcharakter des Mannes „von Prinzipien". Am offensichtlichsten zeigt sich dies an Innstettens Umgang mit Effis Ängsten. Das öffentliche Amt des Landrats läßt eine beschützende, auf Effis psychische Disposition eingehende Geste ebensowenig zu, wie die für die Karrieresicherung unabdingbaren Besuche bei Bismarck in Varzin. „Dann bin ich verloren" (S. 78) erklärt Innstetten, als Effi ihn bittet, ihr zuliebe das Spukhaus zu verkaufen oder zur Milderung ihrer Einsamkeit einmal auf einen Varzinbesuch zu verzichten. Dem gesellschaftlichen Diktat, dem hier individuelle Bedürfnisse geopfert werden, unterwirft sich auch Effi, wenn auch nur aus Einsicht in die Notwendigkeit sozialen Aufstiegs und die diesen bestimmenden Machtverhältnisse: „Du sollst ihm (d. i. Bismarck) den Stuhl vor die Tür setzen – es ist zum Lachen. Denn schließlich ist er doch der Mann, der über uns entscheidet. Auch über mich" (S. 81). An dieser Einsicht, um die spekulative Überleitungsfrage nochmals aufzugreifen, hätte auch der direkte Weg von Hohen-Cremmen nach Berlin nichts geändert. Vielleicht wären die Zerstreuungen und Ablenkung durch die Berliner Gesellschaft, der Glanz und Abglanz des Hofes ausreichend gewesen, um den Vollzug des Ehebruchs zu verhindern. In jede Falle hätten sie aber nicht mehr sein können als Scheinbefriedigungen und Ersatzwelten für das, „was Effi in ihrer Ehe eigentlich fehlte" (S. 102).

Phase 3

Die entscheidenden Schwierigkeiten der Kessiner Ehejahre resultieren aus Innstet-

tens emotionaler Distanz, die ihn vieles von dem, was in Effi vorgeht, gar nicht wahrnehmen läßt. Mag sein, daß es sich hierbei auch um selbstauferlegte Rationalisierungen handelt, im Wissen darum, daß die Wahrnehmung von Bedürfnissen auch eine Auseinandersetzung mit ihnen herausfordert. Doris Lerches Karikatur soll dazu verhelfen, Intimeres über die Ehe Innstettens zu verbalisieren.
Wer dem Text auch hier treu bleiben will, dem seien Fontanes Anmerkungen über die Eheabende im Hause Innstetten als Einstieg empfohlen (S. 102, Z. 35 – S. 103, Z. 29). Die sehr allgemeine Frage nach dem Gebrauchswert der Karikatur für das Verständnis des Romans läßt den Schülern nicht nur mehr Offenheit bei der Diskussion über die Botschaft der Abbildung selbst, sondern kann auch zur Problematisierung der Frage führen, ob sich die Direktheit der Aussage mit der distan-

Aus: Doris Lerche, Du streichelst mich nie. Frankfurt/M: Wolfgang Krüger Verlag, 1980

ziert andeutenden Darstellungsform des Fontaneschen Romans überhaupt verträgt. Die Karikatur selbst bedarf zunächst einmal der Beschreibung. Beziehungs- und Inhaltsaspekt fallen sichtbar auseinander. Das Beziehungsproblem zeigt sich auch als Kommunikationsproblem. Zwar werden die Bedürfnisse ausgesprochen, aber deren Gemeinsamkeit steht im Widerspruch zur Fremdheit der Situation, Körperhaltung und Physiognomie. Von der jeweiligen Sprechweise geht nicht nur ein zustandsbeschreibendes, sondern ein appellatives Signal aus, das keinen reagierenden Partner findet: die Voraussetzungen für ein Psychodrama sind erfüllt, Therapieansätze, vor allem vordergründige, sind bei den Schülern schnell bei der Hand.

Die Rückführung vom Bild zur Ehe Effi/Innstetten sollte von folgenden Fragen ausgehen: „Spricht Effi bzw. Innstetten emotionale Bedürfnisse aus, wenn ja, wem gegenüber, wenn nein, warum nicht?“

Es genügt zur Beantwortung dieser Fragen, sich auf wenige Textbelege zu beziehen, die den Mangel an Zärtlichkeit wie die Unfähigkeit, über diesen Mangel ernsthaft zu sprechen, als konstantes Element in der Beziehung Effis zu Innstetten ausweisen. Erste Andeutungen gibt es in den Briefen Innstettens an Effi noch in Hohen-Cremmen; sie gleichen eher „landrätlichen Verordnungen“ (S. 30). Gegenüber Innstetten ausgesprochen wird das Bedürfnis nach Zuwendung erstmals nach der „letzten Visite“ (S. 66) landadliger Antrittsbesuche, deren Fremdheit das Bedürfnis Effis nach Nähe gerade in dieser Situation erklären: „Aber das Gefühl, daß wir nun Ruhe haben, ist, denk' ich, gerade Feier genug. Nur einen Kuß könntest du mir geben. Aber daran denkst du nicht. Auf dem ganzen weiten Weg nicht gerührt, frostig wie ein Schneemann. Und immer nur die Zigarre“ (S. 66). Noch in der ablenkenden Reaktion Innstettens, dem es um eine Bewertung der Visiten durch Effi geht („wie stehst du zu dieser ganzen Umgangs- und Verkehrsfrage?“ S. 66), zeigt sich, daß Sensibilität nicht seine Stärke ist. Zwei weitere Hinweise, der eine aus dem Munde des Erzählers, der andere von Effi, lassen in Anlehnung an Effis Äußerungen über den „gesellschaftlichen Notstand“ in Kessin (S. 104) durchaus die Annahme zu, diesem habe auch ein „sexueller Notstand“ entsprochen. Von „ein paar wohlgemeinten, aber etwas müden Zärtlichkeiten, die sich Effi gefallen ließ“, ist da die Rede (S. 103), und in einem Elterngespräch, wir befinden uns nun schon in der Berliner Zeit, kurz vor der Entdeckung des Ehebruchs, wird die Tochter wie folgt zitiert: „Und fremd war er auch in seiner Zärtlichkeit. Ja, dann am meisten; es hat Zeiten gegeben, wo ich mich davor fürchtete“ (219). Gibt man die drei eindeutigsten Textbelege (S. 66, 103, 219) den Schülern vor, so beantwortet sich die Frage, was Effi „in ihrer Ehe eigentlich fehlte“, von selbst. Der Ehebruch ist primär durch den emotionalen Notstand motiviert, der „gesellschaftliche Notstand“ wirkt nur verstärkend. Unterzieht man Effis zuletzt genannte Äußerung, die den Aspekt „Zärtlichkeit“ mit dem der „Furcht“ verknüpft, einer genaueren Betrachtung, so fällt der Gebrauch des Präteritums („war“, „fürchtete“) auf. In der Tat fallen die Klagen über Innstettens Gefühlskälte fast ausnahmslos in die Handlungszeit vor dem Ehebruch. Man gewinnt sogar den Eindruck, und dies könnte durch ein Schülerreferat einmal genauer untersucht werden, daß emotionale Nähe zwischen Innstetten und Effi durch den Ehebruch erst hergestellt wird. Dem entspricht auch, daß sich Innstettens Vorstellung von Effi als Kind wandelt. „Mit einem Male siehst du aus wie eine Frau“ (S.

182) stellt er fest und scheint etwas zu ahnen von dem, was in Effi vorgegangen ist.
Greift man abschließend nochmals auf das die Stunde eröffnende Eingangszitat zurück, so ließe sich unter dem Aspekt der persönlichen Entwicklung hinter das Urteil vom „Unglück" auch ein Fragezeichen setzen. Doch persönliche Entwicklungen, zumal der Frau, sind im Bezugsfeld zwischen Kessin und Berlin nicht gefragt.

Sequenz 3: Der Chinesenspuk: „Angstapparat aus Kalkül"?

Sachanalyse

Wollte man herausfinden, welche psychischen Dispositionen Effis nächtlichen Spukerscheinungen zugrunde liegen, müßte sie sich auf die Couch eines Psychoanalytikers begeben. Doch abgesehen davon, daß man eine literarische Figur dazu kaum bewegen könnte, wäre es zeitaufwendig, und, um einen Ausspruch Innstettens aufzugreifen, „es wäre nicht sicher, ob es hilft". Schließlich ist der Chinesenspuk eine Erfindung des Autors Fontane und übernimmt, abgesehen davon, daß seine psychologische Fundierung offenkundig ist, vielschichtige literarische Verweisfunktionen.
Es ist zunächst wichtig zu erkennen, daß Effis Spukvisionen keine individuellen Erscheinungen oder Erfindungen sind, sondern daß sie sich aus Partikeln ihrer neuen Umgebung und bereits existierenden Spukgerüchten zusammensetzen. Genaueres erfährt der Leser hierüber allerdings nicht, doch die in den Text eingestreuten Andeutungen Innstettens und des Kessiner Hauspersonals genügen. Wie zufällig wird die Aufmerksamkeit Effis noch vor ihrer ersten Ankunft in Kessin auf dic Geschichte eines Chinesen gelenkt, der zwischen den Dünen begraben liegt. Effi fragt interessiert und gespannt nach der sie erwartenden Gesellschaft in Kessin, und Innstetten ist bemüht, dem abgelegenen Wohnort durch Verweis auf „allerlei Exotisches" einen weltoffenen Charakter zu verleihen. Auf Effis Frage, ob es in Kessin denn gar einen Chinesen gäbe, antwortet Innstetten: „Auch einen Chinesen. Wie gut du raten kannst. Es ist möglich, daß wir wirklich noch einen haben, aber jedenfalls haben wir einen gehabt" (S. 45). Mit dieser sehr knapp gehaltenen Anspielung auf möglicherweise übersinnliche Vorgänge in Kessin erreicht Innstetten bewußt oder unbewußt, daß Effi im Hinblick auf die Gestalt des Chinesen in eine ängstliche Spannung versetzt wird.
Doch zunächst werden Effis Spukängste noch nicht mit dem Chinesen verknüpft. Nach ihrer ersten Nacht in Kessin klagt Effi bei ihrer neuen Vertrauten Johanna über Phasen der Schlaflosigkeit und Ängste, die von befremdlichen Geräuschen aus den oberen Räumen zu stammen scheinen: „Erst klang es, wie wenn lange Schleppenkleider über die Diele hinschleiften, und in meiner Erregung war es mir ein paarmal, als ob ich kleine weiße Atlasschuhe sähe. Es war, als tanze man oben, aber ganz leise" (S. 51). Diese Beschreibung ist insofern bemerkenswert, als Effi von jenem Hochzeitsball, an dessen Ende die junge Braut nach einem letzten Tanz mit dem Chinesen spurlos verschwunden sein soll, noch nichts wissen kann. Johanna reagiert mit einer rationalen Erklärung: „Nun aber wissen wir, daß es die Gardinen sind" (S. 51), läßt aber durchblicken, daß sich bereits der Herr Prediger und Doktor Gieshübler mit diesen seltsamen Geräuschen beschäftigt haben.

Erst nachdem Effi unter Innstettens Führung die oberen Räume besichtigt und auf einem ausgesessenen Binsenlehnstuhl ein aufgeklebtes Chinesenbildchen entdeckt hat, konkretisieren sich die Spukerscheinungen in der Gestalt des Chinesen, der nachts an ihrem Bett vorbeihuscht. Es geschieht dies zum ersten Mal in der Nacht, wo Innstetten, einer Einladung des Fürsten folgend, bis zum Morgengrauen in Varzin weilt. Effi versucht sich abzulenken, um ihren ersten Kessiner Abend ohne Innstetten leidlich zu überstehen, doch das mißlingt: Ein Gefühl der Einsamkeit beschleicht sie, die Gedanken schweifen nach Hohen-Cremmen. In der Verlegenheit greift sie nach einem Reisehandbuch und liest teils angstvoll, teils neugierig die Geschichte der „weißen Frau". In solcher Weise in eine angstvolle Spannung versetzt, kann die Spukvision mit aller Macht von ihr Besitz ergreifen. Doch erst in dem Bericht an die in panischer Angst herbeizitierte Johanna bringt Effi den Chinesen ins Spiel: Es sei etwas an ihrem Bett vorbeigestrichen, sagt Effi, „und wenn ich mich recht frage... ich mag es nicht sagen, Johanna... aber ich glaube der Chinese" (S. 74). Erst von diesem Zeitpunkt an übernimmt der Chinese die dominierende Rolle in Effis Spukängsten.

Weshalb aber erscheint Effi ein Chinese und nicht etwa die „weiße Frau", die, wie Effi zuvor gelesen hat, keinen Geringeren als Napoleon nächtens aus dem Bett gescheucht hat? Zum einen greift Fontane, darauf hat Gisela Warnke in einem sehr anregenden Aufsatz aufmerksam gemacht, kulturgeschichtliche Tendenzen seiner Zeit auf und verleiht seinem Roman ein aktuelles Kolorit: Im Zuge imperialistischer Bestrebungen wurden seit 1861 Preußen und der deutsche Zollverein Handelspartner Chinas, was auch zu einer verstärkten Verbreitung fernöstlicher Kulturgüter führte (vgl. Warnke, S. 239ff.). Der sich entwickelnde Hang zu fernöstlichem Dekor hat auch die das Aparte liebende Effi ergriffen, wenn sie in einem Gespräch mit ihrer Mutter von einem japanischen Bettschirm schwärmt, „schwarz und goldene Vögel darauf, alle mit einem langen Kranichschnabel... Und dann vielleicht noch eine Ampel für unser Schlafzimmer, mit rotem Schein" (S. 27). Frau Briest zieht es vor zu schweigen. Zum andern mischt sich in Effis Erlebnisweise der Chinesengeschichte und des Chinesenspuks eine erotische Komponente, die allerdings unterschwellig bleibt, etwas Spielerisches, ja fast Triviales an sich hat und im Text nur an versteckten Bezügen festzumachen ist. Spätere Geschehnisse antizipierend, bemerkt Effi bereits bei Innstettens erster Erwähnung des Chinesen, daß ihr an weiteren Einzelheiten nicht gelegen ist, denn sie möge nicht, „wenn ich diese Nacht hoffentlich gut schlafe, gleich einen Chinesen an mein Bett treten sehen" (S. 43). Während Innstetten in seinem Bericht über die Hochzeit der jungen Kapitänsenkelin Nina Effi gegenüber die Rolle des Chinesen noch im Zwielicht läßt, spricht er später Wüllersdorf gegenüber wesentlich deutlicher von dem Chinesen, „der vielleicht ein Liebhaber war" (S. 245). Dies könnte Effi zur Zeit ihrer ersten Spukängste zwar nur geahnt haben, aber wie dem auch sei, eine exotischere Gegenfigur zum preußischen Beamten Innstetten hätte Fontane der aufs Aparte bedachten Effi in Kessin nicht erfinden können. So ist es auch zu verstehen, daß in den ersten drei Verfilmungen des Romans, in Abweichung von der Textvorlage, der Chinese als vergoldete Statue, in die Ausstattung des Kessiner Hauses aufgenommen wird, wobei in den Filmen von Gründgens (1939) und Jugert (1956) synchron der Kopf des Chinesen wackelt und die Hände wippen.

Mögen diese Interpretationen des Chinesenmotivs auch umstritten bleiben, so bieten sie doch eine wirkungsvolle Möglichkeit, Effis ambivalente Gefühlsregungen, eine Mischung aus Neugier und Angst, zu zeigen. Wie aber läßt sich Effis auffallend hohes Angstpotential, das in den Spuknächten ansatzweise zu phobischen und hysterischen Zuständen ansteigt, aus den Bedingungen des Romangeschehens heraus erklären? Hier kann eine wichtige Äußerung Effis Aufschluß geben. Sie fällt in einem Gespräch Effis mit ihrer Mutter und beschließt, wie Fontane Wichtiges oft hervorhebt, ein Kapitel: Frau von Briest forscht nach, wie es mit Effis Liebe zu Innstetten nun wirklich bestellt ist, Effi reagiert verlegen und ausweichend, verweist auf Niemeyers Einlassung, Innstetten sei „ein Mann von Charakter, ein Mann von Prinzipien" (S. 32) und führt schließlich aus: „Und ich glaube, Niemeyer sagte nachher sogar, er sei auch ein Mann von Grundsätzen. Und das ist, glaub' ich noch etwas mehr. Ach, und ich ... ich habe keine. Sieh, Mama, da liegt etwas, was mich quält und ängstigt, aber ... ich fürchte mich vor ihm" (S. 32).

Da Innstetten, wie der alte Briest richtig einschätzt, nicht der Mann ist, sich Effis Liebe „mit leichter Manier zu gewinnen" (S. 35), nehmen im Zusammenleben mit Innstetten diese Ängste eher zu. Innstetten verkörpert in rigoroser Weise preußische Mannestugenden, die, wie sich später zeigt, in ihrer überzogenen Form keinen gesellschaftlichen Konsens mehr finden. Effi entstammt einem liberalen Elternhaus, in dem eher die Mutter dominiert, der Vater, seine Unabhängigkeit schätzend, den Ernst der Dinge oft ironisch bricht, zu frivolen Anspielungen neigt, aber auch zu einem verständnisvollen Gespräch bereit ist. Effi, dem Stadium unverbindlicher Kindlichkeit noch nicht entwachsen, sieht sich durch die überstürzte, wenngleich gesellschaftlich übliche Eheschließung gezwungen, in einer ihr noch unbekannten Welt gesellschaftlicher Normen und Konventionen eine repräsentative Rolle zu übernehmen. In Stunden des Alleinseins spürt Effi recht genau, daß sie den gesellschaftlichen Anforderungen nicht ganz genügt: „Ach, ich tauge doch gar nicht für eine große Dame. Die Mama, ja, die hätte hierher gepaßt, die hätte, wie's einer Landrätin zukommt, den Ton angegeben" (S. 70). Auf die diffus gespürten gesellschaftlichen Anforderungen reagiert Effi mit Angst.

Während Freud in seiner ersten Angsttheorie von 1895 noch davon ausging, daß Angst ihre Ursache in unterdrückter sexueller Triebspannung habe, was angesichts der geschilderten Eheabende im Kessiner Haus und Effis Klagen über Innstettens Frostigkeit zu interessanten Spekulationen Anlaß geben könnte, betont er in seiner späteren Schrift „Hemmung, Symptom und Angst" von 1926, daß in der Angst auch immer eine Reaktion auf eine Gefahr zu sehen sei, daß der Angst mithin Signalfunktion zukomme. Greift man diese Freudsche Einsicht auf, läßt sich Effis Angst in zweierlei Weise deuten: Zum einen ist die entstehende Angst ein Signal dafür, daß Effi ihre Bedürfnisse, Wünsche, Triebe, Hoffnungen in der Ehe mit Innstetten und dem Leben in der Kessiner Gesellschaft für gefährdet hält, ihr Lebensfluß zu stocken droht. Zum andern zeigt gerade das angstvolle Erleben des Chinesen, daß das Exotische, das Verführerische in dem stockenden Kessiner Leben für Effi eine konkrete Gefahr darstellt, der sie dann besonders ausgeliefert ist, wenn Innstetten nächtens zu Besuch beim Fürsten weilt. Damit verweist das Motiv des Chinesen unmittelbar auf den kommenden Verführer Crampas, mit dessen Erscheinen der Chinesenspuk seine ängstigende Wirkung verliert.

Eigentlich wäre es Innstettens Aufgabe, so könnte man meinen, mit Effis Ängsten verständnisvoll umzugehen, aufklärerisch und beschwichtigend zu wirken und ihren Bedürfnissen im Rahmen seiner persönlichen Möglichkeiten und seiner Berufsrolle entgegenzukommen. Aus all dem, was bisher über Innstetten schon gesagt wurde, läßt sich leicht erschließen, daß Innstetten dies nicht kann und wohl auch nicht will. Dabei ist sein Verhalten sicher nicht eindeutig bewertbar, da Fontane uns aufgrund seiner personalen Erzählweise noch eher in die Psyche Effis als in die Innstettens blicken läßt. Hinzu kommt, daß Crampas in einem späteren Gespräch mit Effi Innstettens Verhalten in einer Weise deutet, die der Leser nur zu gern zu übernehmen bereit ist. Daß Fontane mit dieser Technik der perspektivischen Brechung eine Sichtweise ins Spiel bringt, die sicher einiges über Innstetten verrät, viel aber auch über Crampas' persönliche Beziehungen zu Innstetten und Crampas' Interesse an Effi, kann leicht übersehen werden.

Sicherlich ist es Innstetten, der, wohl in der Absicht, Kessin als künftigen Wohnort durch allerlei verwegene Geschichten und mysteriöse Anspielungen interessant zu machen, auch häufig den Chinesen erwähnt und dessen Geschichte mit einer übersinnlichen Aura umhüllt. Obgleich er Effis Ängstlichkeit kennt, läßt er nicht davon ab, gelegentlich auf den Chinesen anzuspielen (S. 55) oder bei einer Ausfahrt die Kutsche am Chinesengrab vorbeizusteuern (S. 82). Auf Effis Spukängste, so läßt sich an zahlreichen Textstellen nachweisen, geht er zwar mit rationalen Überlegungen ein, läßt einzelne Aspekte aber doch so in der Schwebe, daß Effis Ängste sich nicht ganz lösen können. Effi charakterisiert dieses Verhalten ihres Mannes später in einem Brief an ihre Mutter sehr zutreffen: „Er verlangte von mir, ich solle das alles als Alten-Weiberunsinn ansehn und darüber lachen, aber mit einem Male schien er doch auch wieder selber daran zu glauben“ (S. 100). Wichtig ist an Innstettens Reaktionsweisen noch ein weiterer Aspekt, auf den Walter Müller-Seidel in sehr eindrucksvoller Weise aufmerksam gemacht hat: Innstetten wertet die Gefühlsregungen Effis, ihr gesamtes Verhalten ausschließlich im Hinblick auf seine gesellschaftliche Position. Durchgängig wird in seinen Reaktionen deutlich, daß er von Effi die Unterordnung ihrer Gefühlswelt unter das Primat gesellschaftlicher Konventionen und die Ziele seiner beruflichen Karriere erwartet. „Ich habe keine Wahl, ich bin ein Mann im Dienst“, so sagt Innstetten an einer zentralen Stelle, „ich kann zum Fürsten oder auch zur Fürstin nicht sagen: Durchlaucht, ich kann nicht kommen, meine Frau ist so allein, oder meine Frau fürchtet sich“ (S. 77), oder an späterer Stelle desselben Gesprächs: „Ich kann hier in der Stadt die Leute nicht sagen lassen, Landrat Innstetten verkauft sein Haus, weil seine Frau den aufgeklebten Chinesen als Spuk an ihrem Bette gesehen hat. Dann bin ich verloren. Von solcher Lächerlichkeit kann man sich nie wieder erholen“ (S. 78). Innstetten, für den die Gesellschaft „das A und O seines Denkens bedeutet“ (Müller-Seidel, S. 364), erweist sich als nicht fähig, auf die Angstgefühle seiner Frau einzugehen, was bald dazu führt, daß Effi ihre persönlichen Gedanken und Empfindungen vor ihm abschirmt. Nicht zufällig vertraut Effi ihre Ängste gerade der ihr fast fremden Trippelli an, die aufgrund ihres Künstlertums außerhalb gesellschaftlicher Konventionen lebt.

Sollte Innstettens Verhalten nicht doch jenes erzieherische Kalkül zugrunde liegen, das Crampas im Gespräch mit Effi unterstellt? Effi ist durch diese Enthüllungen ihres Freundes zutiefst schockiert, wenngleich sie, um im seelischen Gleichgewicht zu bleiben, die Glaubwürdigkeit ihres Informanten sogleich in Frage stellt. Aber etwas Plausibles haftet den Erklärungen des Crampas an, war doch auch das Operieren mit der Angst ein anerkanntes und beliebtes Erziehungsmittel der damaligen Zeit. Auch kann man ja Effis spätere Liebesbeziehung zu Crampas in ironischer Erfüllung seiner Worte als besten Beweis dafür werten, daß es eines solchen Spuks als „Cherub mit dem Schwert" (S. 134) bedurft hätte. Aber wie schon bereits angedeutet: Es wäre eine Spur zu platt und dem Fontaneschen Erzählstil nicht entsprechend, wenn Crampas aus einer so offensichtlichen Interessenlage heraus rückblickend und mit der Billigung des Autors Fontane eine offizielle Deutung der Geschehnisse vortrüge. Sind bei Innstettens Reaktionen auf Effis Spukängste tatsächlich erzieherische Überlegungen mit im Spiel gewesen, dann hat sein Erziehungskonzept allerdings auf eklatante Weise versagt. Erziehung durch Angst birgt ein schwer kalkulierbares Risiko: Das Individuum kann eingeschüchtert werden und sich unterwerfen, es kann aber auch seine Kräfte mobilisieren und revoltieren. Auf die Entwicklung Effis bezogen scheint es so, als habe sie bereits vor dem Eintreffen von Crampas in Kessin, zumindest aber gleichzeitig zu diesem Ereignis, genügend psychische Widerstandskräfte entwickelt, um ihren Ängsten gelassener zu begegnen. Gerade in jenem Brief, mit dem Effi ihrer Mutter die Ankunft eines neuen Landwehrbezirkskommandeurs, eines Majors von Crampas, ankündigt, schreibt sie etwas weiter oben: „Kannst Du Dir denken, Mama, daß ich mich mit unserem Spuk beinah ausgesöhnt habe?" Und wenn sie gelegentlich in der Nacht aufwache, „dann horche ich mitunter hinauf, ob ich nicht die Schuhe schleifen höre, und wenn alles still bleibt, so bin ich fast wie enttäuscht und sage mir: wenn es doch nur wiederkäme, nur nicht zu arg und nicht zu nah" (S. 104). Crampas' Enthüllungen, so sehr sie Effis Widerstand gegenüber Innstetten auch mobilisieren, sind nicht der Anstoß zu ihrer Revolte. Effi erhält zum richtigen Zeitpunkt und allerdings schockartig eine Verstärkung für eine Entwicklung, die sie schon vorher schrittweise von Innstetten entfernt hat. Für diese Entwicklung ist gerade Effis Beziehung zum Chinesen ein sehr guter Indikator: In jenem Brief, in dem Effi von ihrer Schwangerschaft und vom häuslichen Spuk berichtet, verweist sie zwar auf nachlassende Ängste, schreibt aber mit Bezug auf das Grab des Chinesen: „Ich bin neulich da vorbeigefahren, wandte mich aber rasch ab und sah nach der andern Seite, weil ich glaube, ich hätte ihn sonst auf dem Grabe sitzen sehen" (S. 100). Unmittelbar nach jenem vertraulichen Gespräch zwischen Crampas und Effi aber heißt es, diesmal wieder am Ende eines Kapitels: „Gleich danach passierten sie den Hohlweg zwischen dem Kirchhof und der eingegitterten Stelle, und Effi sah nach dem Stein und der Tanne hinüber, wo der Chinese lag" (S. 135). Wenn Effi schließlich den Chinesen noch einmal bemüht, so in der Absicht, ihren mißtrauischen Ehemann mit fingierten Spukängsten über ihre inzwischen ganz anderen Ängste hinwegzutäuschen.

Schwerpunktsetzungen – Intentionen – Ziele

Der Behandlung des Chinesenspuks einen Zeitrahmen von etwa 3–4 Stunden zuzugestehen ist durch die Bedeutung dieses Motivs innerhalb des Romangeschehens sicher gerechtfertigt. Hat doch schon Fontane selbst in einem Brief an einen zeitgenössischen Rezensenten darauf verwiesen, daß man an dem Spukhaus und dem Chinesen nicht vorbeisehen könne, „denn erstlich ist dieser Spuk, so bilde ich mir wenigstens ein, an und für sich interessant, und zweitens [...] steht die Sache nicht zum Spaß da, sondern ist der Drehpunkt für die ganze Geschichte“ (Brief an Widmann vom 19. 11. 1895). Bei der Besprechung dieses so zentralen Motivs müssen allerdings Lehrer wie Schüler ein gewisses Maß an Ambiguitätstoleranz entwickeln: Sie werden im Verlauf dieser Sequenz nämlich erkennen, daß die Funktion des Chinesenmotivs innerhalb der Beziehung Effi–Innstetten nicht ganz eindeutig auszumachen ist. Alle Festlegungen, seien sie für die Deutung des Romangeschehens noch so ergiebig und überdies plausibel, lassen sich auch bei genauester Textarbeit nicht völlig überzeugend beweisen. Indem man sich aber gerade auf die Vieldeutigkeit dieses Motivs einläßt und sie zu belegen versucht, erhält man wichtige Aufschlüsse über die psychische Dynamik der Personen, ihre Einbindung in das System gesellschaftlicher Konventionen und in Fontanes Technik, wichtige Aspekte der Romanhandlung in einer genau kalkulierten Offenheit zu belassen.

8. Stunde: „Was soll der Chinese?“ – Hypothesen werden gebildet

Phase 1

Bei der Gestaltung des Einstiegs in diese Sequenz wird davon ausgegangen, daß eigentlich jeder Leser des Romans schon bei der ersten Lektüre dem Chinesenspuk eine gewisse Funktion zuweist. Dabei ist es naheliegend, zunächst die von Crampas so engagiert vorgetragenen Deutungen als nachgelieferte Erklärungsmuster zu übernehmen, da damit der Leser von unbequemer Ungewißheit befreit wird. Dies wird er desto bereitwilliger tun, je sympathischer ihm die Gestalt des Crampas erscheint und je befreiender er sein Auftreten angesichts der stockenden Zweisamkeit im Kessiner Haus empfindet. Hält der Leser Crampas eher für einen Scharlatan, zu dessen Verführungsstrategien auch die Demonstration psychologischer Kenntnisse zur Einschüchterung seines Opfers gehört, wird er sich nach anderen Erklärungen umsehen müssen.

Aus dieser Überlegung heraus sollen die Schüler in einer *ersten Phase* ihre Deutungen des Chinesenspuks zur Sprache bringen. Es ist dies eine Phase spontanen Zugriffs, in der noch nichts systematisch belegt, aber alles geäußert werden soll. Auch scheinbar abenteuerliche Deutungen wie etwa die, daß der Chinesenspuk eine Inszenierung des späteren Verführers Crampas sei, sollten ernstgenommen und gegen die Heiterkeit der Schülermehrheit in Schutz genommen werden. Scheint der Erfindungsreichtum zu versiegen, ist es Aufgabe des Lehrers, zusammen mit den Schülern ähnliche Meinungen zu Arbeitshypothesen zu bündeln, zu formulieren und zu fixieren.

Mit einer solchen Hypothesenbildung zu Beginn der Sequenz ist zu erreichen, daß die Schüler der anschließenden Textarbeit mit stärkerer Aufmerksamkeit und Spannung folgen; haben sie sich doch bereits festgelegt und möchten ihre Sichtweise gern bestätigt oder wenn, dann mit überzeugenden Argumenten widerlegt sehen. Dies bedeutet aber für die Planung, daß wieder einmal etwas antizipiert werden muß, was sich im konkreten Unterricht erst vollzieht: So liegen den im Stundenblatt formulierten Hypothesen Schülermeinungen zugrunde, die aufgrund bisheriger Unterrichtserfahrungen und der dar-

gestellten Sachzusammenhänge mit einer gewissen Wahrscheinlichkeit geäußert werden. Der weitere Fortgang des Unterrichts konzentriert sich auf die genauere Überprüfung zweier Hypothesen: zum einen der von Crampas nachgereichten Deutung, Innstetten habe insofern ein Interesse an der latenten Existenz von Effis Spukängsten, als er damit erzieherische Absichten verbinde, zum andern der von Skepsis geprägten Meinung, Effi habe sich diesen Chinesenspuk lediglich zurechtgelegt, um Innstetten ihrerseits unter Druck zu setzen.
Im vorliegenden Stundenentwurf wird nach erfolgter Hypothesenbildung in Anknüpfung an diese erste Hypothese weitergeplant, es ist aber selbstverständlich ebenso einsichtig, mit der für die dritte Stunde vorgeschlagenen Analyse der zentralen Spuknacht fortzufahren und die hier geplante Reihenfolge zu vertauschen.

Phase 2

Für die zweite Phase ist die gemeinsame Analyse einer exemplarischen Textstelle geplant, und zwar jener Gesprächssequenz zwischen Innstetten und Effi, in deren Verlauf die Gestalt des Chinesen in den Roman eingeführt wird (S. 43, Z. 1–37). Sicher nicht ohne ironischen Hintersinn läßt Fontane gerade Effi jenen Chinesen ins Gespräch bringen, vor dem sie sich später fürchtet. Nachdem Innstetten in seinen Vorinformationen über die Menschen im Kessiner Kreis auf „allerlei Exotisches" aufmerksam gemacht hat, mutmaßt Effi entzückt, es gäbe „vielleicht einen Neger oder einen Türken, oder", man beachte die Steigerung, „vielleicht sogar einen Chinesen" (S. 43, Z. 6f.). Mit seiner Antwort „Es ist möglich, daß wir wirklich noch einen haben, aber jedenfalls haben wir einen gehabt" (Z. 9f.) deutet Innstetten auf eine sehr subtile Weise an, daß sich dieser Chinese, in welcher Form auch immer, noch unter den Lebenden befinden könnte. Da Effi auf diesen Satz allerdings nicht unmittelbar Bezug nimmt, ist nicht klar auszumachen, ob ihr dessen Sinn so voll bewußt geworden ist. Doch weist sie Innstetten, der sich inzwischen in einer Beschreibung der schönen und schauerlichen Atmosphäre des Chinesengrabs ergeht, mit dem Vermerk in die Schranken, sie habe gleich Visionen und Träume „und möchte doch nicht, wenn ich diese Nacht hoffentlich gut schlafe, gleich einen Chinesen an mein Bett treten sehen" (Z. 19ff.). Der vorausweisende Charakter dieser Äußerung ist in seiner ironischen Brechung offenkundig: Effi wird in der darauffolgenden Nacht natürlich nicht gut schlafen, aber auch nicht „gleich" einen Chinesen an ihr Bett treten sehen, sondern später. Trotz deren lakonischer Kürze hat Effi Innstettens Antwort „Das wird er auch nicht" (Z. 22) in ihrer indirekt angstverstärkenden Funktion erkannt und erteilt Innstetten eine Rüge. Auch wenn Effi wenig später bemerkt, ein Chinese habe „immer was Gruseliges" (Z. 32), wird sie von Innstetten bestärkt: „Ja, das hat er", lachte Geert. „Aber der Rest ist, Gott sei Dank, von ganz anderer Art [...]" (Z. 33f.). Die genaue Analyse dieser Textstelle führt somit zu dem Ergebnis, daß Innstetten durch seine knappen und vieldeutigen Verweise auf den Chinesen Effis Ängstlichkeit eher verstärkt.

Phase 3

In einem anschließenden Auswertungsgespräch könnte man zu der weiterreichenden Vermutung kommen, daß Innstetten, dem rationales Handeln ja sicher nicht abzusprechen ist, an Effis Ängsten ein Interesse zu haben scheint. Eine solche Vermutung könnte dann Berechtigung erhalten oder sogar zur Gewißheit werden, wenn sich Innstettens Verhalten in anderen Textstellen in ganz ähnlicher Weise deuten ließe. Nachdem die gemeinsame Analyse exemplarisch Deutungswege aufgewiesen hat, suchen und bearbeiten die Schüler unter dieser Perspektive, als Hausaufgabe oder in Partner-/Gruppenarbeit, eigenständig Textstellen.

9. Stunde: „Als ob es doch etwas sei." – Innstettens Verhalten

Phase 1

Im Zentrum dieser Stunde steht die Besprechung der im Rahmen einer Partner-/Gruppenarbeit oder einer Hausaufgabe untersuchten Textstellen. Da Fragestellung und methodisches Vorgehen durch die exemplarische Analyse des ersten Chinesengesprächs zwischen Innstetten und Effi den Schülern vertraut sind, kann sich der Lehrer auf eine eher koordinierende Rolle zurückziehen und auf die Sicherung der Ergebnisse konzentrieren. Folgende Textstellen könnten genannt und ausgewertet werden:

1. S. 45: Innstetten, der zuvor von einem Kapitän erzählt hat, der Seeräuber bei den Schwarzflaggen gewesen sei, beruhigt Effis aufkommende Ängstlichkeit mit einem Hinweis auf Rollos schützende Funktion: „Und solange du den um dich hast, so lange bist du sicher und kann nichts an dich heran, kein Lebendiger und kein Toter." Wieder einmal zieht Innstetten die Möglichkeit, Effi könne von einem Toten heimgesucht werden, ausdrücklich in Erwägung.

2. S. 55: Unter den Flaggen, die an Festtagen auf den Dächern der Kessiner Konsuln gehißt werden, erwähnt Innstetten am Ende auch den „chinesischen Drachen". Diese Textstelle ist sicher nicht sehr aussagekräftig, doch zeigt sich immerhin, daß Innstetten eine solche Situation nicht verstreichen läßt, ohne indirekt auf den Chinesen anzuspielen.

3. S. 56: Nach ihrer ersten, unruhigen Nacht in Kessin spricht Effi, die durch ihre morgendliche Unterhaltung mit Johanna schon Informationen über den oberen Saal besitzt, Innstetten auf die zu langen Gardinen an und schlägt deren Kürzung vor. Innstetten antwortet ausweichend: „Du hast ganz recht, Effi, wir wollen die langen Gardinen oben kürzer machen. Aber es eilt nicht damit, um so weniger, als es nicht sicher ist, ob es hilft." Zwar verweist Innstetten im folgenden auf möglicherweise natürliche Ursachen für die nächtlichen Geräusche, doch wirkt sein Verhalten wenig überzeugend und ist von rationaler Aufklärung weit entfernt.

4. S. 59: Innstettens Reaktion auf die Entdeckung des Chinesenbildchens am alten Binsenstuhl gibt Effi zu denken. Sie ist verwundert, „daß Innstetten alles so ernsthaft nahm, als ob es doch etwas sei". In ähnlicher Weise äußert sich Effi in einem späteren Brief an ihre Mutter (S. 100) und im „Aufklärungsgespräch" mit Crampas (S. 133). Diese Bemerkungen lassen erkennen, daß Effi Innstettens Gesprächsverhalten beim Thema Chinesen ähnlich interpretiert wie der Leser, wenn sie auch in der Situation selbst nicht immer unmittelbar reagiert.

5. S. 78: Nach der nächtlichen Erscheinung des Chinesen bittet Effi Innstetten sehr inständig, „dies verwunschene Haus" doch aufzugeben. Innstetten bringt von sich aus den Chinesen ins

Gespräch und macht Effi in etwas überheblicher Weise deutlich, daß ihre Spukerscheinung auf Sinnestäuschung beruht habe. Er fügt anschließend aber an: „Und dann wird dir Johanna wohl gestern abend was erzählt haben, von der Hochzeit hier oben ...“ „Nein.“ „Desto besser.“ Die von dieser dunklen Anspielung ausgehende beunruhigende Wirkung wird von Effi unmittelbar gespürt: „Aber ich sehe doch aus dem allen, daß es hier etwas Sonderbares gibt.“ Innstettens Gesprächsverhalten wird an dieser Textstelle besonders deutlich: Einerseits wirkt er beschwichtigend und scheinbar aufklärerisch, andrerseits erreicht er durch neue rätselhafte Anspielungen, daß sich Effis ängstliche Anspannung nicht ganz lösen kann.

6. S. 83: Innstetten begibt sich mit Effi auf eine Vergnügungsfahrt zur Bahnstation, aber er wählt einen „Umweg“ (S. 81, Z. 33f.) und teilt Kruse die gewünschte Wegstrecke deutlich mit. Diese Route führt aber am Chinesengrab vorbei, das Effi unbefangen betrachtet. „Liegt da auch wer begraben?“ fragte Effi. „Ja. der Chinese.“ Effi fuhr zusammen; es war ihr wie ein Stich. Aber sie hatte noch Kraft genug, sich zu beherrschen, und fragte mit anscheinender Ruhe: „Unserer?“ „Ja, unserer.“ Innstetten nimmt dies zum Anlaß, Effi die Chinesengeschichte zu erzählen. Doch ist diese Mischung aus Verbürgtem und Mysteriösem sicher nicht dazu angetan, ihre Phantasie zu beruhigen.

7. S. 211: Jahre später in Berlin berichtet Innstetten am Ende eines Gesprächs über Geistererscheinungen, daß Johanna das Chinesenbildchen in ihrem Portemonnaie mit nach Berlin genommen habe. Effi reagiert zwar den Erwartungen Innstettens entsprechend, doch ist ihre angedeutete Ängstlichkeit nicht mehr echt empfunden.

Eine zusammenfassende Auswertung der besprochenen Textstellen könnte ergeben: Das im ersten Chinesengespräch herausgearbeitete Verhalten Innstettens läßt sich in den nun bearbeiteten Textpassagen mühelos wiedererkennen. Auch hier versteht es Innstetten, durch gezielte Verweise und vieldeutige Anspielungen auf den Chinesen Effis Angstanspannung zu erhalten. Die auffallende Häufigkeit, mit der dies geschieht, könnte ein Indiz dafür sein, daß Innstetten Effis Spukangst tatsächlich wachzuhalten interessiert ist. Es ist im Unterrichtsgespräch aber darauf zu verweisen, daß die angeführten Textbelege eine solche Schlußfolgerung plausibel machen, aber nicht zweifelsfrei beweisen.

Phase 2

Die zweite Unterrichtsphase wird durch die Überlegung eingeleitet, welche Interessen Innstetten mit einem solchen Verhalten eigentlich verfolgen könnte. Nach einer Phase enger Textarbeit weitet sich nun das Gespräch auch ins Spekulative aus. Unschwer werden die Schüler erkennen, daß Innstetten mit dem systematischen Aufbau des Chinesen zu einer bedrohlichen Kultfigur dem reizarmen Kessin zu exotischem Glanz, seinem Haus zu mystischer Bedeutung verhelfen möchte, hierin deckt sich Effis Einschätzung mit der des Verführers Crampas (S. 43, Z. 24f. und S. 134, Z. 2f.). Auch legt Innstettens grundsätzliche Einstellung zum Phänomen des Spuks, jedenfalls wie er sie Effi gegenüber darstellt (S. 78f.), eine solche Deutung nahe. Weiterhin könnte es Innstettens Absicht sein, und auch dies werden die Schüler recht bald anführen, Effi stärker an sich zu binden und dabei über ein Machtmittel zu verfügen, dessen wirkungsvoller Einsatz längerfristig und planbar ist. Dabei behält sich Innstetten lediglich die intellektuelle Beschützerrolle vor, den konkreten Schutz überträgt er Johanna und Rollo. Sollte schließlich Innstetten selbst Opfer von Spukängsten sein, in die er Effi lediglich einbezieht, weil es ein fester Bestandteil seiner Welt ist? Eine solche Deutung ist zwar ebenfalls nicht ganz auszuschließen, fügt sich aber nicht in das von Innstetten bisher gewonnene Bild ein. Innstettens Verhalten würde gerade jene tendenziell aggressive Komponente fehlen, die Effi schließlich in die Arme eines Crampas treibt.

Phase 3

Da in dieser zweiten Phase die spätere Crampas'sche Deutung immer mit hineinspielt, ist es in einer so sachorientierten Stunde schließlich an der Zeit, in einer dritten Phase die Enthüllungen Crampas' genauer zu untersuchen. Die Schüler lesen S. 132–134 noch einmal unter dem Gesichtspunkt, welche Aspekte dieser Deutung über die bisher erarbeiteten Erkenntnisse hinausgehen. Die anschließende Auswertung könnte ergeben: Aus der Sicht Crampas' arbeitet Innstetten nach einem festen erzieherischen Prinzip, wohlkalkuliert und damit, wie Effi es in ihren späteren Überlegungen ergänzt, ohne „Herzensgüte“ (S. 135). Die Belege für seine Sichtweise bezieht Crampas aus der Kenntnis von Innstettens Vergangenheit, was ihm Effi gegenüber eine Überlegenheit sichert. Auch in der Definition von Innstettens Zielen geht Crampas über die bisher erarbeitete Deutung hinaus. Indem er in Zusammenhang mit der disziplinierenden Funktion des Spuks ganz unverhohlen auf Effis eheliche Treue abhebt, trifft er Effi an einem ganz empfindlichen Punkt.

Phase 4

An diesem Aspekt seiner Enthüllungen läßt sich in einem abschließenden Gespräch auch am deutlichsten nachweisen, daß die Crampas'schen Ausführungen subjektiv und interessenbezogen sind. Schickt sich doch Crampas gerade an, Effis eheliche Treue auf die Probe zu stellen. Dadurch, daß er Innstettens Intentionen schroff überzeichnet, brüskiert er Effi und erreicht, auch wenn Effi ihrerseits die Glaubwürdigkeit Crampas' in Zweifel zieht, daß Effis Vertrauen zu Innstetten empfindlich gestört wird. Dies aber ist eine Voraussetzung für den späteren „Schritt vom Wege“.

10. Stunde: „... aber ich glaube der Chinese.“ – Effis Spukerlebnis

Phase 1

Mit dieser Stunde wird nun endlich wieder auf die anfängliche Hypothesenbildung Bezug genommen. Überprüft werden soll die Meinung, der Chinesenspuk sei lediglich ein Phantasiegebilde Effis, mit dessen Hilfe sie ihrer Angst einen wirkungsvollen Ausdruck verleihen und damit Innstetten stärker an sich binden wolle. In einer ersten Phase könnte der Lehrer diese Meinung zur freien Diskussion stellen und zugleich auch Spekulationen über mögliche Motive Effis anregen. Unter Umständen bringen die Schüler hier zur Sprache, daß Effi nach dem ersten Erscheinen des Chinesen die beruflichen Ambitionen ihres Mannes, insofern sie ihn von Hause wegziehen, einzuschränken versucht: „Ach, Geert, Gott sei Dank, daß du da bist. Nun ist alles wieder gut. Du darfst nicht wieder fort, du darfst mich nicht wieder allein lassen“ (S. 77). Auch nimmt Effi in demselben Gespräch den Chinesenspuk zum Anlaß, Innstetten zu einem Auszug aus dem verwunschenen Haus zu bewegen, wobei immerhin bemerkenswert ist, daß Effi bereits mit sehr konkreten Alternativen antworten kann (S. 77f.). Die Schüler sollten in diesem ersten, noch offenen Gespräch erkennen, daß Effi die Dramatik des Spukgeschehens zumindest ansatzweise auch zum Verfolgen eigener Interessen zu nutzen versteht. Eine Reflexion über das weitere methodische Vorgehen könnte zu dem naheliegenden Vorhaben führen, die Darstellung der Chinesennacht einmal daraufhin zu untersuchen, ob Effi ihren Spukerscheinungen möglicherweise szenisch nachgeholfen hat.

Phase 2

Um dieser Frage nachzugehen, muß ein relativ umfänglicher Textabschnitt analysiert werden (S. 68, Z. 7 – S. 75, Z. 23). Deshalb ist es aus zeitökonomischen Gründen sinnvoll, durch einige Leitfragen die Aufmerksamkeit der Schüler gezielt auf die wichtigen Aspekte des Textes zu lenken und deren Untersuchung in einer arbeitsteiligen Partnerarbeit vornehmen zu lassen.

Dabei liegt ein erster Untersuchungsakzent auf der unmittelbaren Darstellung des Spukgeschehens selbst: Zunächst ist es wichtig zu erkennen, daß sich Fontane einer Technik der perspektivischen Brechung bedient und dem Leser die Geschehnisse in zwei verschiedenen Sichtweisen unterbreitet.

In einem ersten knapperen Teil (S. 73, Z. 35 – S. 74, Z. 12) berichtet der personale Erzähler über die nächtlichen Vorkommnisse: Effi schreckt mit einem Schrei aus dem Schlaf hoch, Rollo schlägt an, „und in diesem Augenblick huschte was an ihr vorbei, und die nach dem Flur hinausführende Tür sprang auf" (S. 74, Z. 1–3). Es folgt ein Auftritt des treuen Rollo, Effi schellt noch nach Johanna, die kurz darauf herbeieilt, aber mehr berichtet der Erzähler nicht. Warum bleibt der personale Erzähler, der doch am ehesten der Perspektive Effis folgt, an dieser zentralen Stelle des Romans so auffallend abstinent? Wäre dieses „was" ein Chinese gewesen, hätte er es dann nicht schreiben müssen? Aber der Leser erfährt die Geschichte noch einmal, diesmal aus der Perspektive Effis. Zunächst schildert Effi der herbeizitierten Johanna die Geschehnisse in der dem Leser bereits bekannten Version, doch dann beginnt sie zögernd, das unbestimmte „was" zu konkretisieren: „Und wenn ich mich recht frage, was es war ..." „Nun was denn, gnäd'ge Frau?" „Und wenn ich mich recht frage ... ich mag es nicht sagen, Johanna ... aber ich glaube der Chinese" (S. 74, Z. 27–31). Zusammenfassend läßt sich sagen: Während Erzähler und Effi darin übereinstimmen, daß nach Effis schreckhaftem Aufwachen etwas an ihr vorbeigehuscht sei, ist die Identifizierung dieses Etwas mit der Gestalt des Chinesen eine spätere Interpretation Effis, wobei der Verbindlichkeitsgrad der Auslegung durch das eingeschobene „ich glaube" noch relativiert wird.

Des weiteren wird durch die Leitfragen die Aufmerksamkeit der Schüler auf die Geschehnisse unmittelbar vor der Spukerscheinung gelenkt. Im Verlauf einer genaueren Textanalyse läßt sich belegen, daß Effi durch ihre Gedanken und Empfindungen und die wie zufällig hinzukommenden Ereignisse in eine angstvolle Anspannung gerät, die ein späteres schreckhaftes Aufwachen mit bedrohlichen Vorstellungen geradezu nahelegt. Effi fühlt sich durch die Abwesenheit Innstettens „doppelt" einsam (S. 68, Z. 19), sie wird sich plötzlich ihrer mangelnden gesellschaftlichen Bedeutung bewußt und vergleicht sich mit ihrer Mutter (S. 70, Z. 13ff.), Johanna bleibt beängstigend lange aus (S. 71, Z. 28ff.), und Effis Gedanken schweifen sehnsuchtsvoll nach Hohen-Cremmen (S. 72, Z. 16ff.). Zu allem Überfluß fällt Effi noch ein altes Reisehandbuch in die Hände, in dem sie, von furchtsamen Empfindungen begleitet, die Geschichte der „weißen Frau" liest. Was hier zitiert wird: „Es heißt, daß, als Napoleon hier übernachtete, die ‚weiße Frau' aus dem Rahmen herausgetreten und auf sein Bett zugeschritten sei. Der Kaiser, entsetzt auffahrend, habe nach seinem Adjutanten gerufen [...]" (S. 69, Z. 32–35), ist in seinem Grundmuster eine recht genaue Antizipation von Effis späterer Spukversion.

Schließlich hat eine dritte Schülergruppe die Verhaltensweisen Johannas genauer analysiert. Johanna, die im Kessiner Haus ja schon länger dient und der dessen Interna bekannt sein dürften, erweist sich zwar als hilfsbereit und verständnisvoll, zeigt andrerseits aber auch Verhaltensmuster, die denen Innstettens ähneln. So erwidert sie auf Effis Geständnis, sie habe solche Angst: „Ach, das gibt sich, gnäd'ge Frau, die hatten wir alle" (S. 72, Z. 38). Sollte es mit den Spukerscheinungen im Kessiner Haus doch etwas auf sich haben, oder wäre auch Johanna ein Opfer von Innstettens Angsterziehung? Dies läßt sich nicht klären. Wahrscheinlich aber ist, daß Effis neue Chinesenvariante des traditionellen Hausspuks auf Johanna doch befremdlich, wenn nicht gar erheiternd wirkt: „Der von oben?" und Johanna versuchte zu lachen, „unser kleiner Chinese, den wir an die Stuhllehne geklebt haben, Christel und ich. Ach, gnäd'ge Frau haben geträumt [...]" (S. 74, Z. 32–34).

Zunächst sollte eine vorläufig abschließende Zusammenfassung der erzielten Ergebnisse erfolgen: Klar ist, daß schon vor Effis Einzug in Kessin angeblich spukartige Erscheinungen im Hause Angst verbreitet haben. Effis Wahrnehmungen in der untersuchten Spuknacht könnten damit in Zusammenhang stehen, lassen sich aber auch als Reaktion auf die vorangegangenen abendlichen Geschehnisse deuten. Die Gestalt des Chinesen wird in diesem Zusammenhang erst von Effi selbst ins Spiel gebracht. Innstettens angsterweckendes Verhalten, seine vieldeutigen Verweise auf den Chinesen könnten Effis Bereitschaft zu einer solchen Interpretation gefördert haben. Als deren unmittelbaren Anlaß wäre auf Effis Bekanntschaft mit der Geschichte der „weißen Frau" zu verweisen.

Phase 3

In einem anschließenden freien Gespräch sollte noch einmal auf die offenbleibenden Fragen eingegangen werden. Warum ist Fontane nicht genauer, eindeutiger? Wenn dies von Schülerseite nicht vorgebracht werden sollte, könnte der Lehrer hier darauf verweisen, daß gerade in der Vieldeutigkeit und Vielschichtigkeit eines solchen Motivs seine ästhetische Qualität begründet liegt. Wird dies an dieser Stelle der Besprechung noch nicht eingesehen, ist nichts verloren. Auf diese Zusammenhänge wird in späteren Stunden noch ausführlicher eingegangen.

Sequenz 4: Der Ehebruch

Sachanalyse

> Ich finde es auch sehr verwirrend, wie das Verhältnis Effis zu Crampas beschrieben wird. Es wird ein einziges Mal geschrieben, daß er in der Kutsche zudringlich wurde, doch daß dies von Effi erwidert wurde oder auch nicht, darüber schreibt Fontane nichts. Überhaupt kann ich in Fontanes Beschreibung kein Verhältnis erkennen, und von Liebesbriefen wird vorher auch nichts geschrieben.

Die Schülerin, die eine solche Einschätzung nach der ersten Lektüre des Romans zu Papier brachte, hat offensichtlich über wichtige Signale des Textes hinweggelesen. Dies ließe sich leicht belegen. Bemerkenswert aber ist es, daß die sicherlich ungeübte Leserin des Romans ausgerechnet diesen vermeintlichen Mangel so sehr hervorhebt. Einiges scheint dafür zu sprechen, daß die Schülerin von der erzählerischen Abstinenz Fontanes gerade deswegen so enttäuscht ist, weil sie angesichts des Ehebruchmotivs eine größere Detailgenauigkeit mit verständlicher innerer Spannung erwartet hat. Ehebruch, so formuliert Meyers Konversationslexikon von 1894 in wünschenswerter Deutlichkeit, ist „die wissentliche Verletzung einer bestehenden Ehe durch außerehelichen Beischlaf". Entspricht dieser eindeutigen, aber prosaischen Definition des Begriffs „Ehebruch" eine poetische, aber vieldeutige Darstellung in Fontanes Roman? Für Fontane selbst war diese Frage wohl entschieden. Einer namentlich nicht bekannten Leserin, die ebenfalls über den ehebrecherischen Charakter von
hung im ungewissen war, ant
tane:

„Daß ich die Sache im Unklaren gelassen hätte, kann ich nicht zugeben, die berühmten ‚Schilderungen' (der Gipfel der Geschmacklosigkeit) vermeide ich freilich, aber Effis Brief an Crampas und die mitgetheilten 3 Zettel von Crampas an Effi, die sagen doch alles" (Editionen, S. 349).

Ob es dieser eingerückten vier Briefstellen wirklich bedurft hätte, um zu verdeutlichen, daß hinter Crampas' Verhalten mehr als eine „Courmacherei" verborgen ist, „an die sich in der Regel ein anständiger Ehemann mit Vergnügen miterinnert" (ebd. S. 349), darüber ließe sich streiten. Fontane hat, unabhängig von den Briefen, den ehebrecherischen Aspekt von Effis Beziehung zu Crampas durch ein kunstvolles Geflecht von symbolischen Motiven, Vorausdeutungen, Anspielungen und topographischen Verweisen eindeutig genug vermittelt. Um dies zu erkennen, bedarf es allerdings eines geschärften Lesevermögens, weshalb in dieser Sequenz über den Ehebruch Fragen der Erzähltechnik einen zentralen Stellenwert einnehmen.

Auf dem Hintergrund von Effis persönlicher und gesellschaftlicher Situation in Kessin ist bereits die erste Erwähnung des neuen Landwehrbezirkskommandeurs Major von Crampas als gezielte Vorausdeutung auf künftige Konflikte zu interpretieren. Effis Zusammenleben mit Innstetten hat in den Kessiner Wintermonaten die Konturen eines wenig reizvollen Routinealltags angenommen, das gesellschaftliche Leben erweist sich als so enttäuschend, daß Effi mit dem Unterton der Verzweiflung ihre Situation als „Notstand" (S. 104) bezeichnet. In diesem Kontext kündigt Effi in einem Brief an ihre Mutter den neuen Landwehrbezirkskommandeur an, und durch die wenigen naiven Bemerkungen Effis entsteht das Bild eines geradezu klassischen Verführers. Dabei bedient sich Fontane der oft zu beobachtenden Technik, allzu offensichtliche Vorausdeutungen durch gegenläufige Bemerkungen zu relativieren. Während Effi Major von Crampas einerseits als weltoffenen Kavalier und gewandten Unterhalter freudig begrüßt, bedauert sie andrerseits, daß näheren gesellschaftlichen Kontakten zu den Crampas scheinbar unüberwindliche Hindernisse entgegenstehen. Aber in gleicher Weise, wie der Leser die Existenz einer eifersüchtigen und übellaunigen Ehefrau von überdies noch bürgerlicher Abkunft nicht als dauerhaftes Hindernis akzeptieren mag, sieht er Effis Andeutungen über Crampas' Vergangenheit eher als einen Verweis auf Zukünftiges: Wenn Crampas als „ein Mann vieler Verhältnisse", „ein Damenmann" (S. 105) eingeführt wird, der „um eben solcher Dinge willen" bereits in einem Duell verletzt worden ist, so läßt sich aus dem gesamten Kontext dieser Anspielungen nur erahnen, daß durch das Auftreten von Crampas eine ähnlich dramatische Entwicklung des Geschehens eingeleitet wird.

Das hier von Effi nur knapp gezeichnete Bild des galanten Verführers Crampas wird in jener Szene weiter ausgemalt, in der Crampas, vom Strand her kommend, den auf der Veranda frühstückenden Innstettens Gesellschaft leistet. Wieder werden die Anspielungen und Anzüglichkeiten auf dem Hintergrund des situativen Kontexts zu offensichtlichen Vorausdeutungen. Zwischen Effis Brief von Anfang Mai und der Verandaszene am 27. September hat sich Wichtiges ereignet: Am 3. Juli wird Effi von einer Tochter entbunden. Bei Annies Taufe am 15. August sitzt, fast beiläufig wird es erwähnt, Major von Crampas neben Effi. Tags darauf reist Effi nach Hohen-Cremmen und führt dort ein Leben „voller Glück und Zufriedenheit" (S. 119). Noch einmal wird, in vertraulichem Gespräch mit Vater Briest, nur allzu deutlich, was Effi in ihrem Zusammenleben mit Innstetten entbehrt. Merklich verändert trifft Effi am 26. September wieder in Kessin ein, fühlt sich in den ersten Gesprächen mit Innstetten „sehr ausgelassen" und „ganz als junge Frau" (S. 122). Für diese Wandlung Effis entwickelt Peter-Klaus Schuster eine sehr überzeugende Deutung:

> „Zu Ende ist nach Mariä Tod (im kirchlichen Kalender der 15. August, wie Schuster weiter oben erläutert. D. Verf.) ihre bisher so duldsam übernommene Marienrolle. Vom hinterpommerschen Landadel hierin ohnehin stets angezweifelt und in ihrer Unbekümmertheit auch zusätzlich von Innstetten durch den spukenden Chinesen gemaßregelt, wird Effi genau in jene Evarolle aus ihrem Jugendparadies nach Kessin zurückkehren, die ihr bereits ständig unterstellt wurde" (Schuster, S. 93).

Diesen Rollenwechsel scheint am folgenden Tag, beim Frühstück auf der Veranda, auch Innstetten zu spüren. Effi sitzt bezeichnenderweise in einem Schaukelstuhl und findet dies so „schön" (S. 122), daß sie nicht aufstehen mag. Wie Innstetten im Verlauf eines zunehmend intimer werdenden Gesprächs schließlich sagt: „Du hast was Verführerisches" (S. 123), ist Effi entzückt und entgegnet: „Weißt du denn, daß ich mir das immer gewünscht habe? Wir müssen verführerisch sein, sonst sind wir gar nichts ..." (S. 124). Als Innstetten schließlich, sichtlich erstaunt, daß diese Einsicht von Pastor Niemeyer stammt, anmerkt: „Das ist ja, als ob es irgendein Don Juan oder Herzensbrecher gesprochen hätte" (S. 124), heißt es weiter: „Ja, wer weiß", lachte Effi... „Aber kommt da nicht Crampas? Und vom Strand her. Er wird doch nicht gebadet haben? Am 27. September..." (S. 124).

Deutlich hat Fontane über das Verführerische in Effis Wesen, die Begriffe „Don Juan“ und „Herzensbrecher“ eine Bedeutungsbrücke zu Crampas geschlagen, der überdies noch aus jener Richtung kommt, in der der Ort späterer Rendezvous zu finden ist.

So tritt ein Verführer auf

Wichtig für diese Sequenz ist es zu erkennen, daß Crampas, von Fontane gezielt als der Verführer eingeführt, dieser Rolle in allen Aspekten seines Verhaltens auch gerecht wird. So erweist er sich als unkonventionell und mutig, als einfühlsamer, geistreicher Gesprächspartner, als Initiator zahlreicher Zerstreuungen und ist somit in wichtigen Punkten eine Gegenfigur zu Innstetten.
Eine genauere Untersuchung aller folgenden Begegnungen zwischen Effi und Crampas bis zur nächtlichen Schlittenfahrt am 27. Dezember könnte ergeben, daß die schließlich in einer erotischen Beziehung gipfelnde Annäherung zwischen Effi und dem Verführer sich fast zwangsläufig, ja schicksalhaft vollzieht. Es seien hier die wichtigsten Aspekte dieser Entwicklung kurz aufgeführt.
Zum einen versteht es Crampas in fast schon mephistophelischer Weise, Situationen zu planen, die sowohl Effis als auch seinen Interessen entsprechen, und diese Situationen zu seinen Gunsten zu gestalten. Durch die fast täglichen Ausritte in die Dünen, später auch durch die Aufführung des „Schritts vom Wege“, versteht er es, Effis Bedürfnis nach Zerstreuung und Abwechslung zu befriedigen. Indem Crampas so seine Anwesenheit zu einer von Effi begrüßten Gewohnheit macht, schafft er die Basis für kleinere Anzüglichkeiten und Übergriffe, die Effi zwar widerstrebend und gelegentlich aufbegehrend, insgesamt aber doch wohlwollend hinzunehmen bereit ist. Schließlich gelingt es ihm, und dies ist ein wichtiger Einschnitt in der Chronologie der Verführung, Effis Vertrauen zu erringen und, Innstettens Angststrategie durchkreuzend, Effi innerlich von Innstetten zu entfernen. Nach diesem zentralen Gespräch über Innstettens Erziehungsabsichten wird auf dem nächsten ausführlicher geschilderten Ausritt die Konversation leichter und anspielungsreicher, wenn auch die Anzüglichkeiten noch ins Gewand literarischer Zitate gekleidet sind (S. 136–143).
Zum andern läßt sich nachweisen, daß Innstetten, der zwar die kommenden Gefahren zu ahnen scheint, nicht nur nichts unternimmt, um Effi den Einflüssen des Majors zu entziehen, sondern offensichtlich der sich anbahnenden Liebesaffäre ungewollt noch zuarbeitet. Es geht dies aber nur zu einem Teil auf das Konto persönlichen Ungeschicks. Innstetten ist vielmehr auch in diesem Aspekt seines Verhaltens Opfer des ihn „tyrannisierenden Gesellschafts-Etwas“ (S. 240). Crampas nähert sich den Innstettens in einer doppelten Funktion: Zum einen zählt er als Major a. D. und örtlicher Landwehrbezirkskommandeur zu den herausgehobenen Persönlichkeiten der Kessiner Gesellschaft, zum anderen kann er als ehemaliger Regimentskamerad Innstettens überdies einen freundschaftlichen Empfang in dessen Haus erwarten. So begrüßt ausgerechnet Innstetten den vom Strand kommenden Don Juan oder Herzensbrecher Crampas mit den vielsagenden Worten „Nur näher, nur näher“ (S. 124), veranlaßt schließlich Innstetten in jener entscheidenden Nacht vom 27. Dezember, daß Crampas im Schlitten Effis Platz nimmt. Tags darauf läßt Effi erkennen, daß sie Innstettens Rücksichtnahme auf gesellschaftliche Konventionen sehr gut zur Rechtfertigung ihres eigenen Verhaltens heranzuziehen weiß: „Und als er mir erst

gegenübersaß, beiläufig jämmerlich genug auf der elenden schmalen Leiste, sollte ich ihn da ausweisen ...? Ich hätte mich lächerlich gemacht, und dagegen bist du doch so empfindlich" (S. 165). Bis in die kleinsten Details hinein bahnt sich der kommende Ehebruch in den Gleisen gesellschaftlicher Konventionen an. Ist Innstetten durch die beginnende Wahlperiode verhindert, begleiten Knut und Kruse Effi und Crampas bei ihren täglichen Ausritten „als eine Art Ehrengarde", nicht ihre Gefühle, sondern die Enge des Weges zwingt „die beiden Reiter dicht nebeneinander" (S. 131). Fällt Knut, wie bei jenem vorerst letzten Picknick in den Dünen, einmal aus, muß ihn zumindest eine ansteckende Krankheit ans Haus binden. Daß sich Effis Annäherung an Crampas in einem korrekten gesellschaftlichen Rahmen vollzieht, gerade dies macht es Innstetten so schwer, angemessen zu reagieren. Zwar warnt er Effi nach der Aufführung des „Schritts vom Wege" noch einmal eindringlich vor dem Damenmann Crampas, dessen „besondere Passion" gerade Damen wie sie seien (S. 148), doch als Effi schließlich entgegnet, sie werde sich mit ihm vorsehen, sagt Innstetten: „Das tu. Aber nicht zu sehr; dann hilft es nichts. Unbefangenheit ist immer das beste, und natürlich das allerbeste ist Charakter und Festigkeit und, wenn ich solch steifleinenes Wort gebrauchen darf, eine reine Seele" (S. 149). Zu diesem Zeitpunkt aber kann Effi dem Verführer Crampas nicht mehr entrinnen, ohne nicht ihrerseits gesellschaftliche Konventionen zu verletzen und damit den Interessen Innstettens zuwiderzuhandeln.

„Das Tuch ihres Kleides verfing sich am Samt seines Rocks, sie bog ihren weißen Hals zurück, dem ein Seufzer entstieg, und halb ohnmächtig, tränenüberströmt, mit einem langen Erbeben ihres ganzen Körpers und mit den Händen vor dem Gesicht gab sie sich hin" (Flaubert, S. 190). So sinnenfreudig schildert Flaubert, wie sich Emma Bovary der nicht gerade sehr galanten Verführungsstrategie Rodolphes schließlich ergibt. Deutlich karger beschreibt Fontane Effis ersten Schritt vom Wege: „Dann nahm er ihre Hand und löste die Finger, die sie noch immer geschlossen hielt, und überdeckte sie mit heißen Küssen. Es war ihr, als wandle sie eine Ohnmacht an" (S. 164). Wenn auch Fontane durch den nicht ganz eindeutigen Bezug des zweiten „sie" der Phantasie des Lesers einen gewissen Spielraum läßt, so ist aufgrund dieser Textstelle der Tatbestand des Ehebruchs im eingangs definierten Sinne nicht zweifelsfrei erwiesen. Auch der an den Ereignissen des 5. Januars anknüpfende Erzählerkommentar: „Sie litt schwer darunter und wollte sich befreien ... So trieb sie denn weiter, heute, weil sie's nicht ändern konnte, morgen, weil sie's nicht ändern wollte. Das Verbotene, das Geheimnisvolle hatte seine Macht über sie" (S. 171) schafft keine rechte Klarheit. Doch was Flaubert durch die unmittelbare Schilderung der Ereignisse zum Ausdruck bringt, verlegt Fontane in den Raum verborgener Anspielungen und symbolischer Motivketten.

Zu verstehen ist in unserem Zusammenhang unter einem Motiv eine „strukturelle Einheit als typische, bedeutungsvolle Situation, die allgemeine thematische Vorstellungen umfaßt" (Wilpert, S. 498). Die wichtigste erzählerische Einheit, die in einem engen Bezug zu Effis späterem Ehebruch steht, ist das Motiv der Schaukel, das, getreu dem Fontaneschen Gestaltungsprinzip, den Keim des Ganzen bereits im Anfang zu verbergen, schon auf der ersten Seite des Romans mit genauesten topographischen Angaben eingeführt wird. Die darin eingeschlossene „allgemeine thematische Vorstellung" verweist in geradezu archetypischer Form auf menschliche Grundtriebe. Grundsätzlich betrachtet ist die Schaukel ein Instrument, das auf spielerische, unverbindliche Weise ein ursprüngliches Bedürfnis des Menschen nach Bewegung befriedigt. Es ist dies aber eine besondere Art der Bewegung: Die Luft ist das Element des Schaukelnden, Steigen und Fallen, Schweben und Durchschwingen wechseln in unterschiedlichster Intensität. Auch die Gefühle des Schaukelnden sind ambivalent: Lust und Angst verbinden sich an jenem Wendepunkt, wo die steigende Bewegung in eine fallende zurückschwingt. Daß diese Angstlust oft in einer direkten Beziehung zu erotischen Empfindungen gesehen wurde, zeigen die bildliche Darstellung der „Schaukelnden" von Max Ernst und Dehmels Gedicht „Die Schaukel", in dem die Empfindung des Fallens deutlich erotische Assoziationen weckt: „Das tut so tief, so süß dann weh, / und die Bäume verbeugen sich alle" (Editionen, S. 314f.).

Wenn es zum Wesen Effis gehört, daß sie durch den gesamten Roman hindurch Schaukelbewegungen liebt, so versinnbildlicht Fontane damit einen Aspekt ihrer Persönlichkeit, der expressis verbis unausgesprochen bleibt. Kommt das Gespräch auf Innstetten und seinen Plan, Effi mit venezianischem Schmuck zu verwöhnen, so vertraut Effi ihrer Mutter an: „Er hat keine Ahnung davon, daß ich mir nichts aus Schmuck mache. Ich klettre lieber, und ich schaukle mich lieber, und am liebsten immer in der Furcht, daß es irgendwo reißen oder brechen und ich niederstürzen könnte. Den Kopf wird es ja nicht gleich kosten" (S. 31). Anders als Frau von Briest, ahnt Innstetten erst recht spät, daß in Effi auch Wesenzüge wirksam sind, die Frau von Briest zu der ironischen Charakteristik „Tochter der Luft" (S. 4) veranlassen. Deutlich scheint Innstetten diesen instabilen Aspekt in Effis Persönlichkeit wohl erst nach deren nächtlicher Schlittenfahrt zu erkennen, wenn er ihr vorwirft: „Du bist eine reizende kleine Frau, aber Festigkeit ist nicht eben deine Spezialität" (S. 166).

Da Effi in Kessin keine Schaukel zur Verfügung steht, ist die Befriedigung ihrer Schaukelleidenschaft zunächst an Hohen-Cremmen gebunden. Dies ändert sich mit dem 27. September. Die nunmehr verführerische Effi begrüßt Crampas auf der luftigen Veranda von einem Schaukelstuhl aus, ein Detail, an das sich Effi noch kurz vor der Entdeckung der Briefe genau erinnert (S. 221). Mit dieser Verandabegegnung beginnend, bekommen das Motiv des Schaukelns und mit ihm die verwandten Motive des Fliegens, des Stürzens und Versinkens, ja auch des Stolperns verweisenden Charakter. Zu Pferde und im Schlitten finden die wichtigen Begegnungen mit Crampas statt. Kurz bevor Crampas in ihren Schlitten zusteigt, schließt Effi die Augen, neigt sich nach links aus ihrem Schlitten, dem bezeichnenderweise das Schutzleder fehlt, und entgegnet der ängstlicheren Sidonie: „Ich kann Schutzleder nicht leiden; sie haben so was Prosaisches. Und dann, wenn ich hinausflöge, mir wär es recht, am liebsten gleich in die Brandung" (S. 159). Jäh gebremst wird die fliegende Fahrt durch die plötzliche Erscheinung des Schloons, eines Gegenmotivs zu dem des Fliegens. Mit einem Wagen, so wird Effi belehrt, könne man der Gefahr wohl entgehen, „aber mit solchem Schlitten ist es was anderes; die versinken im Schloon" (S. 161). Noch deutlicher macht Fontane die symbolische Bedeutung dieses Motivs in den folgenden Erläuterungen: Der Schloon, im Sommer ein „kümmerliches Rinnsal", so ergibt das Gespräch, wird im Winter zu einem Sog, „aber nicht so, daß man es sehen kann. Und das ist das Schlimmste von der

Sache, darin steckt die eigentliche Gefahr“ (S. 161). „Abgrund“, „Sog“, „Sumpf“, „Moor“, mit diesen Gegenbegriffen zum leichten, erregenden Flug wird symbolisch vorweggenommen, was Effi auf dieser nächtlichen Schlittenfahrt unmittelbar bevorsteht.

Der Fehltritt in seiner wörtlichen wie übertragenen Bedeutung ergänzt das Motivgeflecht des Schaukelns, Fliegens und Versinkens auf einer weniger poetischen, vordergründigeren Ebene. Offensichtlich wird die verweisende Funktion dieses Motivs in dem Augenblick, wo die Aufführung von Wicherts „Schritt vom Wege“ unter Crampas' Regie und mit Effi in der Hauptrolle geplant und geprobt wird. In fast schon ironischem Bezug zu den vorangegangenen Ereignissen gibt sodann Innstetten am Morgen nach der nächtlichen Schlittenfahrt eine abschließende Einschätzung des Vorgefallenen: „Von einem Fauxpas mag ich nicht sprechen, das ist in diesem Zusammenhang kein gutes Wort“ (S. 165). Später in Berlin werden die Vorfälle, die zur Entdeckung der Liebesbriefe führen, durch einen Fehltritt und Sturz Annies eingeleitet.

Noch verhaltener als bei der schon kargen Beschreibung der nächtlichen Schlittenfahrt verfährt Fontane bei der Darstellung der nachfolgenden Rendezvous in den Dünen. „Wer das Bezugsspiel der Worte ‚Düne‘, ‚Kirchhof‘ und ‚Waldecke‘ nicht durchschaut“, so schreibt Walter Jens, „hat Fontanes ‚Effi Briest‘ vergebens gelesen: Er wird nicht verstehen, daß der Satz ‚Die Spaziergänge nach dem Strand und der Plantage, die sie, während Crampas in Stettin war, aufgegeben hatte, nahm sie nach seiner Rückkehr wieder auf‘ die Umschreibung einer ehebrecherischen Handlung ist“ (Jens, S. 10). Jener topographische Bereich, der durch die Worte „Dünen“, „Kirchhof“, „Waldecke“ eingegrenzt, wenn auch nicht genau lokalisiert wird, dem Leser bereits als Ort des Chinesengrabs bekannt, verweist durch den Kontext seiner Erwähnung auf Effis heimliche Treffen mit Crampas. Mit etwas fadenscheinigen Argumenten entzieht sich Effi nun den ohnedies von ihr nicht geliebten Besuchen beim umliegenden Landadel, möchte Innstetten bei seinen Fahrten aber zumindest ein Stück weit begleiten: „Übrigens freu' ich mich, und das ist das einzige Gute dabei, dich jedesmal, wenn du fährst, eine Strecke Wegs begleiten zu können, bis an die Mühle gewiß oder bis an den Kirchhof oder auch bis an die Waldecke ... Und dann steig' ich ab und schlendere wieder zurück. In den Dünen ist es immer am schönsten“ (S. 173). Wenig später wird erwähnt, daß Effi diesen von Doktor Hannemann verordneten Spaziergängen inzwischen täglich nachkommt, wobei die mit Roswitha vereinbarten Treffen so gut wie niemals eingehalten werden. Die topographischen Verweise werden ergänzt durch knappe, monologische Andeutungen Effis: „Effi, du bist verloren.“ (S. 172) und metaphorisch verschlüsselte Kommentare des Erzählers: „Es ging aber doch weiter so, die Kugel war im Rollen, und was an einem Tage geschah, machte das Tun des andern zur Notwendigkeit“ (S. 172).

Mit topographischen Verweisen, verschlüsselten Anspielungen und symbolischen Motivketten läßt sich zwar der ehebrecherische Charakter von Effis Beziehung zu Crampas verdeutlichen, erotische Leidenschaften sind damit indessen nur schwer zu beschreiben. Dies hat den englischen Literaturwissenschaftler Roy Pascal in seinem Band „The German Novel“ dazu veranlaßt, bei Effi, wie bei den meisten Frauengestalten in Fontanes Romanen, das Fehlen tieferer Leidenschaften als wichtigen Aspekt ihres Charakters anzunehmen (Pascal, S. 201f.). So verständlich eine solche Einschätzung auf dem

Hintergrund von Flauberts „Madame Bovary“ und Tolstois „Anna Karenina“ auch sein mag, so erweist sie sich doch als problematisch. Von Fontanes Abstinenz bei der Darstellung erotischer Leidenschaften auf die Leidenschaftslosigkeit seiner Heldin zu schließen, hieße, die erzählerische Intention des Autors Fontane zu vernachlässigen. „Man muß nicht *alles* sagen wollen. Dadurch wird die Phantasie des Lesers in den Ruhestand gesetzt, und dadurch wird wieder Langeweile geboren.“ (Fontane, Bd. 3, S. 739), vermerkt Fontane auf einem Manuskriptblatt des Romans „Vor dem Sturm“. Daß Fontane bewußt jene „berühmten ‚Schilderungen‘“ vermieden habe, in denen er den „Gipfel der Geschmacklosigkeit“ erblickte, wurde bereits erwähnt. Ganz leidenschaftslos wird Effi zur Zeit ihrer Liebesbeziehung zu Crampas überdies nicht beschrieben: Nachdem Effi erlebt hat, wie in dramatischer Aktion die Mannschaft eines in Seenot geratenen Schiffes geborgen wird, brechen in ihr Gefühle hervor, die über die Situation als unmittelbaren Anlaß hinausdeuten: „Alle wurden gerettet, und Effi hätte sich, als sie nach einer halben Stunde mit ihrem Manne wieder heim ging, in die Dünen werfen und sich ausweinen mögen. Ein schönes Gefühl hatte wieder Platz in ihrem Herzen gefunden, und es beglückte sie unendlich, daß es so war“ (S. 170). Daß die „Wildheit“ und „Leidenschaft“ der jugendlichen Effi (vgl. S. 5) in ihrer Liebesbeziehung zu Crampas keinen Raum gehabt hätte, ist wenig wahrscheinlich. Verständlicher wäre es, wenn Fontane, von offensichtlicher Sympathie für seine Titelheldin erfüllt, ihr eine allzu deutliche Darstellung gesellschaftlich sanktionierter Situationen und Gefühle ersparen wollte. Wahrscheinlich ist es aber auch, daß Fontane ein ganz andrer Aspekt an Effis Fehltritt gestaltenswerter erschien. Weniger die Leidenschaften als vielmehr die Leiden der Ehebrecherin Effi sind in diesem Roman thematisiert. Schon nach jenem letzten Picknick in den Dünen, in dessen Verlauf Crampas die anspielungsreiche Geschichte vom Kalatrava-Ritter erzählt, ist Effi erleichtert, daß die Zeit der Ausritte beendet ist, und hat „ganz leise das Gefühl einer überstandenen Gefahr“ (S. 144). Kurz nach der nächtlichen Schlittenfahrt, der Leser erfährt es nur am Rande, begibt sich Effi wegen einer Bleichsucht in die Behandlung Doktor Hannemanns. Wenn die verordnete Diät und Frischluftkur auch eine von Effi sicher begrüßte, wenn nicht gar herbeigeführte Maßnahme ist, so ist die beginnende Kränklichkeit doch auch in direkter Beziehung zu Effis Angst- und Schuldgefühlen zu sehen. Dieses Leiden Effis ist aber mehr als ein individuelles Problem, es gibt vielmehr Auskunft darüber, wie sehr auch Effi von der tyrannischen Macht gesellschaftlicher Konventionen beherrscht ist. Unabhängig davon, ob Effi den Verführer Crampas nun liebt oder nicht, er eröffnet ihr sicherlich neue, vielleicht unberührte Dimensionen ihres Gefühlslebens. Doch Effis von den gesellschaftlichen Normen geprägtes Überich erweist sich als so dominant, daß sie die neuen Erfahrungen nicht ohne Ängste und Leiden durchleben kann. So lebt denn Effi erst in dem Augenblick wieder auf, wo sie auf einem leichten „Segelschiff (die Dampfboote gingen nur sommers)“ (S. 193) Kessin hinter sich läßt, um in Berlin ein neues Leben zu beginnen.

Schwerpunktsetzungen – Intentionen – Ziele

Sicherlich wäre es ein ergiebiges und spannendes Unternehmen, der Geschichte von Effis Verführung in allen Einzelheiten nachzugehen und der Ehebrecherin auf ihren getarnten Spaziergängen zu den Dünen in detektivischer Absicht zu folgen. Unter dem Gesichtspunkt einer in sich ausgewogenen und zeitlich begrenzten Reihenplanung wird dieser Sequenz allerdings nur ein enger Rahmen von zwei Stunden zugemessen. Nach einer sehr textorientierten und breit angelegten Sequenz über den Chinesenspuk sollten nun, unter motivationalen Gesichtspunkten, stärker akzentuierte und in der Chronologie des Romans zügig voranschreitende Stunden folgen, damit die schließlich noch anstehende Erarbeitung der gesellschaftlichen Dimension nicht einer allseitigen Textmüdigkeit zum Opfer fällt. Dies erfordert allerdings eine Reduktion der Aspekte und ein exemplarisches Vorgehen.

Wenn ein so artifiziell arbeitender Autor wie Fontane nach hundert Seiten, ziemlich genau einem Drittel des Romans, eine neue Figur einführt, die die bisherige Personenkonstellation einschneidend verändert und der Romanhandlung neuen Schub verleiht, so ist dies bereits Grund genug, sich die Art der Personeneinführung genauer anzusehen. Die Schüler sollen erkennen, daß Fontane mit dem Major a. D. von Crampas, dem fortgeschrittenen Alter und schütteren Haar zum Trotz, einen typischen Verführer zeichnet, der traditionellen wie aktuellen Vorstellungen vom einfühlsamen, männlich-souveränen Liebhaber in allen Zügen entspricht. Gleichzeitig sollen sie durchschauen, mit welchen erzählerischen Mitteln Fontane den Major bereits bei seiner ersten namentlichen Erwähnung als Initiator einer Ehebruchsgeschichte mit tragischem Ausgang aufbaut.

Da unter übergreifenden Gesichtspunkten weniger die konkreten Umstände der Verführung und des Ehebruchs als vielmehr deren literarische Darstellungsform von Interesse sind, liegt in dieser Sequenz ein zentraler Akzent auf Fontanes Technik der Aussparung, auf seiner Arbeit mit Motivketten und topographischen Verweisen. Dabei sollen die Schüler aber nicht nur exemplarisch lernen, häufig wiederkehrende Motive in ihrem symbolischen Gehalt zu deuten, sondern auch angehalten werden, über die hinter einer solchen indirekten Darstellungsweise stehenden Intentionen des Autors begründet nachzudenken.

11. Stunde: „Aber kommt da nicht Crampas?" – Der Verführer tritt auf

Phase 1

In Auseinandersetzung mit Gerti Sengers Text „Das zündende Element" (vgl. S. 61f.) soll zunächst ein erstes Persönlichkeitsbild des Verführers als Bezugsgröße für die weitere Textarbeit entwickelt werden. In der Zeitschrift „Penthouse" veröffentlicht und sich damit an Männer wendend, die eine anspruchsvollere erotische Unterhaltung in Bild wie Sprache erwarten, ist dieser Artikel in einer leicht eingängigen, pointenreichen Alltagssprache verfaßt und vertritt in locker argumentierender Form eine Position, die in den gesellschaftlichen Schichten der „Penthouse"-Leser mit Zustimmung rechnen kann. So macht sich Gerti Senger durch die gewählte „Wir"-Form gleich zur Sprecherin aller Frauen und redet ihre männlichen Leser in unaufdringlich belehrender und aufklärerischer Absicht unmittelbar an. Bereits dieser provozierend ungebrochene rhetorische Gestus wird die Schüler zu einer kritischen Auseinandersetzung mit dem Text motivieren.

Die wichtigsten Aussagen Gerti Sengers sind schnell erkannt: Zum ersten vertritt sie die Meinung, daß nur ein selbstbewußter, in sich ruhender und sich zu sich

Zusatztext zur 11. Stunde

Gerti Senger: Das zündende Element

Was zieht uns an bei einem Mann?
Natürlich ist es nicht nur der architektonische Unterschied, das wäre zu simpel. Es sind auch nicht der schwellende Bizeps und die muskelbepackte Brust, die uns machmal so weiche Knie machen, daß man glaubt, den Weg bis zum nächsten Sofa nicht mehr zu schaffen. Vielleicht ist es der modische Dreitages-Bart, der dem Trendsetter den gewissen virilen Touch gibt? Nein, so leicht sind wir wirklich nicht um den Verstand zu bringen. Wo kämen wir denn hin, würden wir bei jedem neuen Männertyp, den die Mode in Schüben auf den Markt wirft, gleich aus dem Häuschen geraten und das Vorjahrsmodell, den Typ ohne Dreitages-Bart, Eiseln auf den Schuhsohlen und aufgekrempelten Sakkoärmeln, ungeprüft ins Out kicken. Wir sind zwar Ästheten und genießen es, wenn sich ein Mann pflegt und zum Anbeißen appetitlich ist. Aber ein eitler, selbstverliebter Dandy regt uns nicht an. Schon vielmehr jene mysteriöse Ausstrahlung, die Ihnen unter der Bezeichnung „Das gewisse Etwas“ geläufig ist. Das zündende Element, das uns schwach macht, ist meist eine Mischung verschiedener sinnlicher Botschaften. Eine Stimme, die unter die Haut geht, ein gewisser Blick, eine bestimmte Gestik. Um Himmels willen nichts Durchgestyltes! Im Gegenteil: gerade auf Eigenschaften sind wir scharf! Was uns fasziniert, ist das Individuelle, das Einzigartige eines Mannes. Denken Sie doch an all die unattraktiven Männer, an deren Seite immer schöne und aufregende Frauen zu sehen sind! Es ist absolut nicht so, daß der Sex dieser Männer immer in einer dicken Brieftasche zu finden ist. Nein, es ist ein ganz bestimmtes Auftreten, der Hauch von Individualität, der auf uns Frauen wirkt wie ein Aphrodisiakum. Der Mann, der selbstbewußt genug ist, er selbst und niemand anderer zu sein, der darf ruhig schiefe Zähne oder einen kleinen Bauchansatz haben. Egal! Männer, die eins mit sich sind, bewegen sich anders, sprechen anders, lächeln anders. Sie sind ein erotisches, stimulierendes Erlebnis, denn sie duften für uns Frauen nach Stoffen, die das Eroberer- und Heldentum ausmachen: nach Mut, Stärke, Überlegenheit, Selbstverständnis und Einfühlsamkeit.
Fällt Ihnen auf, daß das genau die Ingredienzien sind, aus denen sich der Erfolg zusammensetzt? Egal, auf welchem Gebiet ein Mann Erfolg hat, egal, ob er sozial, intellektuell oder materiell meßbar ist – Erfolg wirkt auf uns Frauen einfach unheimlich sexy. Doch nicht bloß deshalb, weil Erfolg meist auch mit Geld verknüpft ist! Geld ist zwar ganz nützlich, das wird niemand ernsthaft bestreiten. Aber sicher ist Geld nicht das Alleinseligmachende. Wissen Sie wirklich nicht, woher unsere unerklärliche geheime Schwäche für den Erorberertyp und „Helden“ rührt, der oft alles andere als ein betuchter Schönling ist? Wir hoffen unbewußt, daß er seine Qualitäten auch in das Zusammenleben und den Sex einbringen wird! Was kann denn noch schiefgehen bei Tisch und im Bett, wenn ein Mann unverfälscht und obendrein auch noch einfühlsam ist? Glauben Sie mir: Nur der Mann, der den Kern seines Wesens nicht verleugnet, sondern im

Gegenteil unbeschwert, aber ohne Koketterie dazu steht, verursacht einem Mädchen Herzflimmern. Dieser Mann braucht ein Mädchen nicht unter Alkohol zu setzen oder falsche Versprechungen abzulegen, um es „weich“ zu machen. Er schafft es auch so – dank seiner Ausstrahlung und seiner Lebensart.
Noch etwas verrate ich Ihnen: Sie rennen offene Türen ein, wenn Sie ein Mädchen sein Frausein spüren lassen. Damit meine ich nicht, daß Sie mit der Potenz eines Deckhengstes aufwarten müssen. In dieser Disziplin stellen wir Frauen weitaus weniger Ansprüche an einen Mann als er an sich selbst. Ein ehrlicher bewundernder Blick, ein liebevolles Kompliment, eine zärtliche Geste, ein rücksichtsvolles Verhalten im rechten Moment – diese wichtigen Kleinigkeiten sind es, die uns aufblühen, uns unser weibliches Existenzgefühl genießen lassen. Auch wenn wir für die Gleichberechtigung auf die Barrikaden gehen, auch wenn so manche Irrläuferin der Emanzipation behauptet, Mann und Frau seien vollkommen gleich – die erdrückende Mehrzahl der Frauen mag Männer, die von diesem öden Geschlechtsbrei nichts halten.
Wir wollen von einem Mann als Frau und nicht als Männerverschnitt gesehen und behandelt werden. Wir wollen verwöhnt und begehrt werden, und wir sehnen uns danach, daß sich ein Mann ernsthaft mit unserem Wesen befaßt. Wenn Sie fähig sind, einer Frau dieses Gefühl zu verschaffen, wird sie sich wie eine Königin fühlen, und Sie werden zwangsläufig ihr König sein – selbst dann, wenn Sie O-Beine, einen Silberblick oder schütteres Haar haben.

Aus: Penthouse, Nr. 4 / April 1985, S. 22

selbst bekennender Mann auf Frauen faszinierend wirken könne. Kleinere körperliche Mängel wie „Bauchansatz“, „O-Beine“, „Silberblick“ oder „schütteres Haar“ fielen demgegenüber nicht ins Gewicht. Zum zweiten sieht Gerti Senger in dem selbstbewußten, seine Individualität dokumentierenden Mann auch die Grundlagen für Eroberer- und Heldentum, für gesellschaftlichen Erfolg und ordnet solchen Männern die Eigenschaften „Mut, Stärke, Überlegenheit, Selbstverständnis“ zu. Schließlich stellt die Autorin die Einfühlsamkeit als wichtige Voraussetzung für erotische Erfolge dar. Wenn es dem Mann gelänge, einer Frau bewundernd, liebevoll, rücksichtsvoll zu begegnen und sie in ihrer Weiblichkeit zu bestätigen, renne er „offene Türen ein“.

Diese drei zentralen Aussagen, die den traditionellen Mythos des in sich ruhenden, selbstbewußten Mannes in fast naiver Weise aufleben lassen, werden von den Schülern sicher nicht unwidersprochen hingenommen und könnten engagierte Stellungnahmen hervorrufen. Wahrscheinlich ist aber auch, daß die Schüler, denen das Stundenthema bereits bekannt ist, von sich aus darauf verweisen, daß diese drei Merkmale des erotisch anziehenden Mannes sich in der Persönlichkeit des Majors von Crampas in eindrucksvoller Weise vereinen. Dies könnte in einem gelenkten Unterrichtsgespräch, zunächst noch ohne detailliertere Textarbeit, lediglich mit knappen Textverweisen aus dem Gedächtnis der Schüler weiter verfolgt werden.

Phase 2

Daß Crampas in wichtigen Persönlichkeitszügen dem von Gerti Senger gezeichneten Bild des Verführers zu entsprechen scheint, gilt es in einem zweiten Arbeitsschritt genauer zu belegen. Zwei sich recht gut ergänzende Textstellen sollen untersucht werden: Zum einen ist aufschlußreich, mit welchen Informationen und in welcher Form Effi ihrer Mutter die Ankunft des neuen Landwehrbezirkskommandeurs in Kessin ankündigt (S. 104–106), zum andern gibt der erste längere Auftritt des Majors auf der Veranda des Kessiner Hauses (S. 122–127) wichtige Hinweise auf Anlage und Funktion dieser neu eingeführten Person. Die zunächst arbeitsteilige Partner- oder Gruppenarbeit erfolgt unter einer doppelten Fragestellung: Auf einer eher inhaltlichen Ebene ist zu untersuchen, ob Crampas aufgrund des Textstellenbefundes dem durch Gerti Senger gezeichneten Bild des Verführers entspricht. Auf einer eher formalen Ebene sollen die Schüler herausarbeiten, aus welchen Informationen sich schließen läßt, daß Crampas die Rolle des Verführers übernehmen wird.
Da eine erschöpfende Analyse der beiden Textstellen den Rahmen dieser Stunde sicherlich sprengen würde, sollte exemplarisch, dann aber möglichst genau vorgegangen werden: Effi bezeichnet in ihrem Brief von Anfang Mai Major von Crampas als „vollkommenen Kavalier", „ungewöhnlich gewandt" und ziemlich unverblümt als „Mann vieler Verhältnisse", als „Damenmann". Aufschlußreich ist hier aber Effis Zusatz: „Etwas, was mir immer lächerlich ist und mir auch in diesem Falle lächerlich sein würde, wenn er nicht, um eben solcher Dinge willen, ein Duell mit einem Kameraden gehabt hätte" (S. 105). Dieser Zusatz gewinnt aus der Perspektive von Gerti Sengers Männerideal eine überraschende Bedeutung: Nicht die erotischen Erfolge des Majors scheinen Effi zu beeindrucken, sondern sein konsequentes Verhalten, sein Mut und seine Stärke. Diese hier bereits angedeuteten Persönlichkeitsmerkmale des Verführers werden in der späteren Verandaszene weiter ausgeführt. Crampas trägt bei seinem Auftritt, gerade Effi fällt dies auf, noch deutlich die Spuren eines ungewöhnlichen, Mut und Selbstüberwindung erfordernden Verhaltens: des Badens im neun Grad kalten Ostseewasser. Indem Innstetten Crampas' Verhalten „halb ernst-, halb scherzhaft" als „unverantwortlich" (S. 124) bezeichnet und auf Bankier Heinersdorf verweist, der vier Wochen zuvor bei einem Bad ums Leben kam, unterstreicht er die Kühnheit des Majors.
Unter formalen Gesichtspunkten ließe sich bereits anhand von Effis Brief an ihre Mutter nachweisen, daß aufgrund des außergewöhnlich kunstvollen Geflechts von Vorausdeutungen und gegenläufigen Bemerkungen (vgl. Tafelanschrieb auf dem Stundenblatt) das Romangeschehen fast schon vorgezeichnet ist. Ganz ähnliche erzählerische Mittel lassen sich auch in der Verandaszene aufweisen. Dadurch daß Crampas ein anspielungsreiches Gespräch über das verfängliche Thema der Verführung gerade in dem Augenblick unterbricht, wo Innstetten die Worte „Don Juan" und „Herzensbrecher" ausspricht, wird er in das semantische Feld einbezogen und auf dem Hintergrund von Effis Brief als möglicher Verführer geprägt. In der anschließenden Konversation über Crampas' mögliche Todesarten lassen sich zahlreiche Äußerungen auch als Vorausdeutungen interpretieren: Des Majors düstere Prophezeiung „um nicht direkt vor Ihren Pistolenlauf zu kommen" (S. 125) ist in ihrer Bedeutung von der Betonung der Worte „direkt" und „Pistolenlauf" abhängig. Effis Bemerkung „das Leben ist

uns näher und zunächst auch eine viel ernstere Sache“ (S. 126) wird sich im Verlauf des Romans noch bewahrheiten , und die spätere Ergänzung des Majors „Abwechslung ist des Lebens Reiz, eine Wahrheit, die freilich jede glückliche Ehe zu widerlegen scheint“ (S. 126) läßt sich kaum anders als in engem Bezug zu künftigem Geschehen lesen. Als Ergebnis dieser exemplarischen Textarbeit sollte festgehalten werden: Schon bei seiner ersten namentlichen Erwähnung, besonders aber bei seinem ersten längeren Auftritt, wird Crampas mit Persönlichkeitsmerkmalen eingeführt, die seiner späteren Rolle als Verführer in klassischer Weise gerecht werden. Dies unterstützt Fontane durch die gerade hier wieder intensiv angewandte Technik der Vorausdeutung: Sowohl auf eine mögliche Ehebruchsgeschichte als auch auf einen für den Verführer tragischen Ausgang dieser Verwicklungen wird in kaum zu übersehender Form angespielt.

Bei einem entsprechenden Interesse der Schüler wäre es möglich, an dieser Stelle eine kurze Reflexion über die Funktionen der Vorausdeutung anzuschließen. Dabei müßte zur Sprache kommen, daß der Autor souverän über die Details seines Stoffes verfügt. Sodann ist zu beachten, daß die Vorausdeutungen nicht als Ankündigungen eines allwissenden Erzählers erfolgen, sondern in die Handlung selbst, oft in die Dialogpartien oder auch Briefe einzelner Figuren eingearbeitet sind. Dadurch bekommt der Handlungsverlauf etwas Unausweichliches, Zwangsläufiges, was Dietrich Weber dazu veranlaßt, von einem „irrationalen Andeutungskomplex“ (Weber, S. 474) zu sprechen, der dem eigentlich psychologisch-gesellschaftlich motivierten Handlungsverlauf einen „suggestiven Schicksalscharakter“ (ebd., S. 458) verleihe. Doch man muß nicht unbedingt so weit gehen, Fontanes Technik des Vorausdeutens in einem Widerspruch zur rationalen Begründung des Geschehens zu sehen. Fontane handhabt die Technik der Vorausdeutung wie die der Motivketten in rein artifizieller Absicht, als Impuls für den aufmerksamen Leser, als Teil einer Strategie des indirekten Erzählens. Man wird im Rahmen eines knappen Unterrichtsgesprächs diese Aspekte nur dann berühren können, wenn die Schüler selbst entsprechende Impulse liefern. Deutlich werden sollte lediglich, daß durch die Vorausdeutungen die Aufmerksamkeit des Lesers gezielt auf einen bestimmten Fortgang der Handlung gelenkt und die Zwangsläufigkeit des Geschehens unterstrichen wird.

Phase 3

Abschließend sollen sich die Schüler eine Übersicht über die Chronologie der Verführung und des Ehebruchs verschaffen. Dies ist aus unterschiedlichen Gründen wichtig: Zum einen legte Fontane offensichtlich Wert auf genauere zeitliche Angaben, wenn er sie auch recht unauffällig in den Text einstreute. Nur auf diesem Wege ist eindrucksvoll zu vermitteln, in welch engem zeitlichen Rahmen sich die den Ehebruch betreffenden Ereignisse eigentlich abspielen. Zum andern kann man auf der Basis einer solchen Chronologie darüber reflektieren, wo entscheidende Weichen gestellt werden, wo sich Rückzugsmöglichkeiten eröffnet hätten, wo schließlich das Entscheidende geschehen ist. Aus unterrichtsökonomischen Gründen ist hier geplant, daß der Lehrer die Schüler mit einer bereits vorbereiteten Folie (vgl. Stundenblatt) konfrontiert. Mit der Fragestellung, wo Verführung und Ehebruch eigentlich begännen und inwieweit Effi der Verführung hätte entgehen können, wird unmittelbar an die vorangehende Phase angeknüpft. Zumindest in

Ansätzen sollte deutlich werden, daß sich eigentlich nirgendwo ein „Beginn“ der Verführung überzeugend begründen läßt, daß vielmehr ein zwangsläufiger, durch äußere Umstände begünstigter Prozeß dargestellt wird, dem sich Effi an kaum einer Stelle hätte entziehen können, ohne sich ins Unrecht zu setzen und gesellschaftlich zu desavouieren.

Hausaufgabe

Die abschließende Hausaufgabe (Effi berichtet in einem Brief an die Mutter über ihre Treffen mit Crampas) sollte nicht unter Zeitdruck gestellt werden, da die Schüler angesichts kreativer Aufgaben erfahrungsgemäß zahlreiche Fragen haben. Wie frei darf man schreiben? Sollte man versuchen, den Stil Fontanes nachzuahmen? Kann man auch was hinzuerfinden? Die Hausaufgabe ließe sich etwa folgendermaßen erläutern: Es wäre gut, wenn sich die Schüler vom Stil Fontanes nicht allzu weit entfernten, damit eine zu starke Verfremdung vermieden wird. Was erfunden wird, sollte sich im Rahmen des Romans als plausibel erweisen. Dabei ist darauf zu achten, daß das Erfundene nicht in direktem Widerspruch zu den Andeutungen des Textes steht. Es handelt sich bei dieser Hausaufgabe also um eine Gestaltungsübung, bei der die kreativen Spielräume durch die Angaben des Ausgangstextes deutlich eingeschränkt sind.

12. Stunde: „Effi, du bist verloren." – Die Darstellung des Ehebruchs

Phase 1

Was die Schüler als Fontane-Epigonen produziert haben, läßt sich nur schwer voraussehen. Aber welche originellen Lösungen auch immer vorgetragen werden, es sollte Ziel der anschließenden Besprechung sein, die Schülerarbeiten, den Fontaneschen Text im Hintergrund, auf ihre Plausibilität hin zu prüfen. Ein Beispiel: Verlegt ein Schüler die erotischen Begegnungen zwischen Effi und Crampas in die Dünen, so hat er zwar wichtige Textsignale richtig erkannt, nicht aber bedacht, daß dem die winterliche Kälte entgegenstehen könnte. Also ist zu fragen: Gibt Fontane genauere Auskünfte über den Ort der Rendezvous? Zuverlässige Auskünfte gibt Fontane nur an einer Stelle, sie sind aber wenig genau: Nachdem Effi Anfang März ihren Abschiedsbrief an Crampas verfaßt hat, heißt es: „Und nun schob sie die Zeilen in ein Kuvert und ging auf ein Haus zu, zwischen dem Kirchhof und der Waldecke. Ein dünner Rauch stieg aus dem halb eingefallenen Schornstein. Da gab sie die Zeilcn ab“ (S. 192f.). Durch die an die vorgetragene Schülerarbeit anknüpfende Besprechung werden somit in einem indirekten textanalytischen Verfahren die wichtigen Merkmale der Fontaneschen Gestaltungsweise herausgearbeitet. Der Erfolg dieser Phase ist natürlich auch von den vorgetragenen Schülertexten abhängig, doch werden das topographische Verweisspiel, das Motiv der Spaziergänge und nicht zustande kommenden Treffen mit Roswitha sicher in ihrer Funktion erarbeitet werden können.

Phase 2

Mit dem Verweis auf Max Klingers Stich einer Schaukelnden (Editionen, S. 314) und der Frage, ob eine Beziehung zwischen diesem Bild und der Darstellung der Verführung und des Ehebruchs zu sehen sei, erhält die Stunde einen neuen Impuls. Klinger hat das schaukelnde junge Mädchen gerade in jenem Augenblick festgehalten, wo die steigende Bewegung

Beispiel für eine Schülerarbeit

Liebste Mama, 24. Februar

heute schreibe ich einen etwas ungewöhnlichen Brief an meine liebe Mama. Diese Zeilen wären besser für eine intime Freundin geeignet, doch sehe ich in Dir meine beste Freundin und außerdem eine erfahrene Frau, die, ich hoffe es inständig, für meine Probleme Verständnis hat. Du wirst wahrscheinlich jetzt schon ganz aufgeregt und neugierig sein. Aber mach Dir keine Sorgen, es ist nichts Schlimmes, und es ist es doch auch. Aus diesem letzten Satz geht schon meine ganze Gespaltenheit und Verzweiflung hervor. Es ist nämlich dieses: Ich habe mich verliebt. Nun wirst Du sagen: „Das ist normal für eine junge Frau, die gerade geheiratet hat."

Schön wäre es. Ich wünsche es mir ja so sehr, in Innstetten verliebt zu sein, aber ich habe festgestellt, daß es nicht der Fall ist.

Er hätte besser zu Dir gepaßt, Du bist eine Dame. Am Anfang hat mir seine Moral und seine Steifheit ja auch imponiert, nur braucht Deine Effi auch noch etwas anderes.

Im Mai schrieb ich Dir, daß Major Crampas mit seiner Familie nach Kessin gekommen sei und daß er für mich wie ein Trost- und Rettungsbringer wäre. Jetzt hat sich herausgestellt, daß er ein wahrer Freudenspender ist. So traurig Du es auch finden magst und so treulos und undankbar es von meiner Seite aus ist, ich treffe mich seit Januar regelmäßig mit ihm.

Seit seiner Ankunft in Kessin hat er mir den Hof gemacht. Am Anfang hat es mir nur geschmeichelt, doch später merkte ich, daß er das hat, was Innstetten so ganz fehlt: eine ganz eigenartige Mischung aus Charme, Männlichkeit, Leidenschaftlichkeit und Humor, so ein rechter Damenmann, der die Wünsche der Frauen kennt. Es ist nie langweilig, sich mit ihm zu unterhalten. Und wenn ich ihn heimlich in dem kleinen Haus in den Dünen treffe und in seinen Armen liege, denke ich nicht an Kessin, sondern glaube, ich wäre auf einer exotischen Insel, wo alles wunderschön ist.

So, das mußte ich Dir schreiben, liebe Mama, weil ich keinen anderen Menschen habe, dem ich mich anvertrauen kann. Denn so schön es für mich ist, verliebt zu sein, so schrecklich ist es, einen lieben Menschen zu belügen und zu hintergehen. Und doch empfinde ich keine Reue. Ich weiß nicht, wie es weitergehen soll. Ich würde gerne mit Crampas fliehen, doch er kann seine Frau nicht verlassen, sie würde es nicht überleben. Vielleicht weißt du einen Rat.

In der Hoffnung, daß Du mich nicht verurteilst und ein wenig Verständnis hast für Deine unglückliche glückliche Tochter küßt Dich

Deine Effi

in eine fallende übergegangen ist, wie sich an dem wilden Schwung des langen Haars recht deutlich erkennen läßt. Als wolle sie die Lust des Fallens aus schwindelnder Höhe noch verstärken, hat sie ihren Körper nach hinten geneigt und hält sich nur noch mit der rechten Hand, während der linke Arm den Schwung der Bewegung mitvollzieht. Eine gewagte, lustvolle Bewegung in luftiger Höhe! Wenn es so etwas gibt wie ein intuitives Verständnis für symbolische Ausdrucksformen, so müßte den Schülern die Beziehung dieses Bildes zu Effis Crampas-Erlebnis auf Anhieb einleuchten. Da die Schüler inzwischen aber schon über eine reflektiertere Textkenntnis verfügen, werden sie den Verbindungspunkt wohl eher in Fontanes Verwendung des Schaukelmotivs erkennen. Der Lehrer sollte in diesem Falle darauf insistieren, daß die Möglichkeit, auf dem Wege einer Beschreibung von Klingers Bild den Symbolgehalt des Schaukelmotivs zu umreißen, auch wirklich genutzt wird.
Aufgrund der Textarbeit der zweiten Stunde werden sich die Schüler möglicherweise daran erinnern, daß bei der Beschreibung der Topographie Hohen-Cremmens schon auf der ersten Seite des Romans eine Schaukel beschrieben und genau lokalisiert wird. In bezug auf Max Klingers Schaukelbild sollte nun gefragt werden, an welchen Stellen des Romans Effis Liebe zur Schaukel in eine Verbindung mit Lust und Angst, Fliegen und Fallen gebracht wird. Drei Textstellen sollten genannt werden:

1. S. 31: Effi grenzt sich hier, kurz vor ihrer Hochzeit, von Innstettens Art, sie zu verwöhnen, sehr deutlich ab: „Ich klettere lieber, und ich schaukle mich lieber, und am liebsten immer in der Furcht, daß es irgendwo reißen oder brechen und ich niederstürzen könnte." Effis private Gegenwelt zur Erwachsenenwelt Innstettens ist auch von der Furcht vor dem Sturz geprägt.
2. S. 119: Effi hat sich nach der Taufe ihrer Tochter Annie nach Hohen-Cremmen zurückgezogen und führt für sechs Wochen wieder das glückliche Leben ihrer Kindheit: „Am liebsten aber hatte sie wie früher auf dem durch die Luft fliegenden Schaukelbrett gestanden und in dem Gefühle: ‚jetzt stürz' ich', etwas eigentümlich Prickelndes, einen Schauer süßer Gefahr empfunden." Noch deutlicher werden hier die Bewegungselemente des Fliegens und Stürzens und die Gefühle der Lust und des Schauers miteinander verbunden.
3. S. 286f.: Im Verlauf eines Gesprächs mit Pastor Niemeyer in Hohen-Cremmen, kurz vor ihrem Tod, springt Effi plötzlich auf die Schaukel: „Ein paar Sekunden noch, und sie flog durch die Luft, und bloß mit der einen Hand sich haltend, riß sie mit der anderen ein kleines Seidentuch von Brust und Hals und schwenkte es wie in Glück und Übermut." Wieder an Niemeyers Arm, spricht Effi ihre Gefühle deutlich aus: „Ach, wie schön es war, und wie mir die Luft wohltat; mir war, als flög' ich in den Himmel." Mit dieser Körperhaltung kommt Effi der Pose des schaukelnden Mädchens auf Klingers Stich verblüffend nahe. Auch die Erwähnung des Himmels als alleinige Begrenzung des Raums verweist auf Klingers luftigen Hintergrund. Bezeichnend allerdings ist, daß hier nur noch der Aspekt der Lust, nicht aber der der Gefahr und der Furcht vor dem Sturz angesprochen wird.

Haben die Schüler erkannt, daß Fontane mit diesem Schaukelmotiv ein zentrales emotionales Bedürfnis Effis symbolisiert, das außerhalb von Hohen-Cremmen noch am ehesten in der Beziehung mit Crampas befriedigt werden kann, so ist zu fragen, in welcher Form dieses Motiv in der Zeit der Verführung und des Ehebruchs weitergeführt wird. Hier müßte herausgearbeitet werden, daß Fontane das Motiv des Schaukelns mit dem Auftreten des Majors zwar aufgreift, aber auch ausweitet: Verwiesen werden könnte auf die Tatsache, daß Effi Major von Crampas in der Verandaszene im Schaukelstuhl empfängt (S. 122), daß Effi auf der nächtlichen Schlittenfahrt, kurz vor dem Zusteigen des Verführers, Flugphantasien äußert (S. 159), wobei der Zusatz „Freilich ein etwas kaltes Bad, aber was tut's ..." als eine versteckte Anspielung auf Crampas' Bad vor der Verandaszene deutbar wäre. Schließlich sollte das Motiv des Schloons (S. 160f.) erwähnt werden, das den Vorstellungsbereich des Schaukelns, Fliegens und Stürzens um das Bild des Versinkens ergänzt und damit ganz deutlich auf die bevorstehenden Verwicklungen verweist.

Phase 3

Es ist nun der Zeitpunkt gekommen, sich zu fragen, weshalb Fontane eine direkte Darstellung von Effis Liebesbeziehung zu Crampas, etwa in der Art der verfaßten Schülerbriefe, vermeidet und sich statt dessen einer künstlerisch aufwendigen Technik des Andeutens und Verweisens bedient. Als unmittelbar naheliegende Begründung könnte entwickelt werden, daß Fontane weder die Neigung noch die Fähigkeit besaß, erotische Szenen mit der nötigen Pikanterie zu gestalten. Zur Stützung dieses Arguments ließe sich auf Fontanes Brief an eine unbekannte Dame verweisen (Editionen, S. 348f.), wo er „die berühmten ‚Schilderungen'" als den „Gipfel der Geschmacklosigkeit" bezeichnet und sich dazu bekennt, sie bewußt vermieden zu haben. Auch könnte hier erwähnt werden, daß Fontane, in offensichtlicher Sympathie für seine Titelheldin Effi, ihr eine zusätzliche gesellschaftliche Ächtung seitens ihrer Leser vielleicht ersparen wollte. Jedenfalls läßt sich aus Fontanes Brief an Clara Kühnast (Editionen, S. 346) deutlich entnehmen, daß die zeitgenössischen Leser des Romans offensichtlich Sympathien für Effi empfanden und daß dies dem Autor schon fast etwas zu weit ging.

Man sollte bei diesen Erklärungen aber möglichst nicht stehen bleiben, sondern fragen: Wenn Fontane schon Effis Leidenschaft in der Beziehung zu Crampas ausgespart läßt, was beschreibt er denn dann in der Zeitspanne vom Dezember bis zum Ende des kommenden Februars? Damit könnte die Aufmerksamkeit der Schüler darauf gelenkt werden, daß aus Fontanes Sicht die Darstellung von Effis Leiden möglicherweise wichtiger gewesen ist. Von dieser Einsicht dürfte nur ein kleiner Schritt zu der Erkenntnis führen, daß Fontane daran gelegen war, die Leiden einer jungen Frau zu dokumentieren, der es angesichts ihrer gesellschaftlichen Situation nicht möglich ist, ihre emotionalen Bedürfnisse konflikt- und angstfrei zu befriedigen.

Sequenz 5: Roman der Bismarckzeit

Sachanalyse

„Liebesgeschichten, in ihrer schauderösen Ähnlichkeit, haben was Langweiliges-, aber der Gesellschaftszustand, das Sittenbildliche, das versteckt und gefährlich Politische, das diese Dinge haben, das ist es, was mich so sehr daran interessiert" (Brief Fontanes an F. Stephany vom 2. 7. 1894).

Wenn alle Eheromane Fontanes Romane der Bismarckzeit sind (Müller-Seidel, S. 54), dann gilt dies für „Effi Briest" in mehrfacher Weise. Nicht nur die breitgestreuten zeitgeschichtlichen Anspielungen und Markierungen zeigen das, die die erzählte Zeit als Periode zwischen 1878 und 1886 ausweist, sondern die Handlungsweisen der Romanfiguren selbst, die veranschaulichen, „wie die gesellschaftliche Moral des Bismarckschen Preußen-Deutschland sich im privaten Alltagsleben auswirkt" (Lukács, S. 495).

Die Geschichte selbst hatte in Gestalt einer damals öffentlich stark beachteten Ehetragödie den Stoff abgegeben, der schon in seinen dürren Fakten ein Stück deutscher Misere beleuchtet: 1873 Eheschließung zwischen Armand und Else von Ardenne nach zunächst verweigertem „elterlichen Konsens", 1880 Bekanntschaft des Ehepaares mit einem Amtsrichter namens Hartwich, 1886 Entdeckung von Liebesbriefen durch den Ehemann Ardenne in einer „wohlverwahrten Kassette", November 1886 Duell Hartwich/von Ardenne, März 1887 Scheidung der Ehe und Übertragung des Fürsorgerechts für die Kinder an den Vater, gesellschaftliche Isolierung der Mutter, 1887 Begnadigung von Ardennes nach kurzer Festungshaft wegen „Duellvergehens" und anschließend Beginn einer steilen Karriere im Berliner Kriegsministerium (vgl. Editionen, S. 309–312). Diesen Stoff gestaltete Fontane zu einem Roman, der das Gesellschaftliche und Politische jener Jahre aus einer zunächst sehr privaten Ehegeschichte in facettenreichen Verweisen immer deutlicher hervortreten läßt. „Daß im Raum des Romans das Private – alles Private vom Gesellschaftlichen verdrängt wird" (Müller-Seidel, S. 361), läßt die handelnden Individuen von Beginn an eher als Rollenträger bestimmter gesellschaftlicher Verhaltens- und Bewußtseinsstrukturen erscheinen. Nicht erst die signifikant gesellschaftlichen Schlüsselszenen des Romans wie etwa der Duelldialog zwischen Innstetten und Wüllersdorf offenbaren, wie begrenzt die Handlungsautonomie der Personen ist, schon die Begleitumstände der unter standeshomogenen Erwartungen verkuppelten Ehe verweisen auf das Normgefüge einer gesellschaftlichen Klasse, das eng mit dem Zeitalter Bismarcks verknüpft ist. Von diesem Zeitalter rückt in Fontanes Roman durch die fast ausschließliche Beschränkung des Handlungspersonals auf Repräsentanten des märkischen und pommerschen Adels nur ein, wenn auch entscheidendes Segment der gesellschaftlichen Verhältnisse im Kaiserreich ins Blickfeld. Die traditionelle Herrenschicht der ostelbischen Agrarier, des Offiziers- und Beamtenadels bestimmt die Szenerie zwischen Hohen-Cremmen und Kessin. Zwar ist die Metropole Berlin auch Schauplatz und Orientierungspunkt dieser Kreise, wenn es um „Ausstattungs- und Wirtschaftseinrichtungsfragen" geht (vgl. S. 18), wenn es sich um Hofball und „gesellschaftliches Leben" dreht (vgl. S. 210), wenn es politische Karriere zu machen gilt, aber der vorherrschende Handlungsraum bleibt die ländliche Atmosphäre um das havelländische Rittergut des alten Briest und der pommersche Verwaltungsbezirk des Kessiner Landrats von Innstetten. Die relative Abgeschlossenheit, mit der die landadelige Führungsschicht innerhalb dieser Regionen auftritt und die Art, wie sie ihren patrimonialen Herrschaftsanspruch dokumentiert, scheint noch unberührt von den sozialökonomischen Umbrüchen im Zuge des Industriekapitalismus, die neben den altpreußischen Traditionskonstanten auch einen wichtigen Teil des Bismarckschen Zeitalters ausmachen. (Vgl.

dazu Wehler, S. 41ff.) Daß es solche „Umbrüche“ überhaupt gab und daß sie, wenn auch aus hinterpommerscher Distanz, wahrgenommen werden, ohne jedoch Irritation zu verursachen, erfahren wir eher beiläufig. So nimmt etwa der alte Rittergutsbesitzer von Borcke das Tauffest im Hause von Innstettens zum Anlaß, angesichts „schwere(r) Zeiten, in denen wir leben, Auflehnung, Trotz, Indisziplin, wohin wir blicken“, an die preußischen Tugenden zu erinnern: „... solange wir noch Männer haben wie Baron von Innstetten ... so lange geht es noch, so lange hält unser altes Preußen noch. Ja, meine Freunde, Pommern und Brandenburg, damit zwingen wir's und zertreten dem Drachen der Revolution das giftige Haupt“ (S. 117). Die vermeintlich „schwere Zeiten“ selbst (schwer für wen?) bleiben innerhalb des Romangeschehens auf wenige, sehr versteckte Hinweise beschränkt. So findet etwa die große Agrarkrise der 70er Jahre, die Große Depression zwischen 1873 und 1879, die aufgrund der überseeischen und russischen Getreideimporte zu einem Preis- und Gewinnverfall der heimischen Agrarproduktion führte und die in seltener Einmütigkeit das Bündnis von Roggen und Hochofen (Großagrarier und Schwerindustrie) zur Abkehr vom Freihandel und zum Ruf nach Schutzzoll und Agrarprotektionismus kommen ließ, bestenfalls nebenbei Erwähnung, so wenn die Mutter Effi bei der standesgemäßen Wohnungssuche in Berlin zu verstehen gibt: „Ich habe mir Landgrafen- oder Keithstraße gedacht, elegant und doch nicht allzu teuer. Denn ihr werdet euch einschränken müssen. Innstettens Stellung ist sehr ehrenvoll, aber sie wirft nicht allzuviel ab. Und Briest klagt auch. Die Preise gehen herunter, und er erzählt mir jeden Tag, wenn nicht Schutzzölle kämen, so müss' er mit einem Bettelsack von Hohen-Cremmen abziehen“ (S. 196). An anderer Stelle muß der komplexe Verweisungszusammenhang auf das politische Zeitgeschehen erst hergestellt werden. Wenn Fontanes Erzähler anläßlich einer pflichtschuldigen Visite im Hause des pommerschen Baron von Güldenklee auf Papenhagen berichtet, daß man auch „von Wahl, Nobiling und Raps gesprochen hatte“ (S. 65), so verbirgt sich dahinter mehr als ein beliebiger Themenkatalog. Hier wird vielmehr auf eine Verknüpfung politischer und wirtschaftlicher Aspekte angespielt, die in die Ereignisgeschichte der Jahre 1878/79 führen. Nachdem Bismarcks erster Versuch gescheitert war, ein Attentat auf Wilhelm I. zur Durchsetzung eines Sozialistengesetzes im Reichstag auszunützen („Sollte man nicht von dem Attentat Anlaß zu sofortiger Vorlage gegen Sozialisten und deren Presse nehmen?“), bedient er sich der Nachfolgetat jenes Karl Nobiling, um den alten Reichstag aufzulösen und Neuwahlen durchzusetzen. Indem er die psychopathisch motivierte Tat Nobilings propagandistisch der Sozialdemokratie in die Schuhe schiebt, schafft er die Voraussetzungen, um im Zuge des Rechtsrucks nach der Wahl und der Stärkung des konservativ-nationalliberalen Bündnisses die Verabschiedung eines 2. Sozialistengesetzentwurfs im Reichstag durchzusetzen. (Über den „inneren Umschwung“ der Bismarckschen Politik im Zuge der Reichstagswahlen vom Sommer 1878 vgl. ausführlich Gall, S. 564–591) Die veränderten parlamentarischen Mehrheitsverhältnisse und die damit verbundene Machterweiterung der Reichsregierung leiten ab 1879 auch den wirtschaftspolitischen Umschwung von der Freihandelspolitik zur Schutzzollpolitik ein, die vor allem den Interessen der Großagrarier entgegenkam und den privaten Verbraucher zur Kasse bat. Der Themenkatalog „Wahl, Nobiling und Raps“ zeigt, daß die Güldenklees wußten, worum es bei den Wahlen des Jahres 1878 nur gehen konnte: um die Herrschaftsstabilisierung einer vorindustriellen Elite von Junkern, deren Kapital „Raps“ war und die ohne „ein ganzes Bündel von staatlichen Schutz- und Subventionsmaßnahmen“ (Wehler, S. 47) in dieser Zeit gänzlich abgewirtschaftet hätten. Daß Nebenbei-Gesagtes nicht mit Nebensächlichem gleichzusetzen ist, darauf ist bei der Untersuchung von Fontanes Erzählweise vor allem im Zusammenhang mit dem breiten Anteil von Dialogen, Plaudereien und Causerien hingewiesen worden, „die sich an allen möglichen Sujets entfalten: Tagesereignissen, Politik, Reisen, Kunst, Leuten, Religion, Geschichte, nicht minder an Quisquilien, Weinsorten, Kleidung, Karriere, Déjeuners und Jeus und tausend Dingen“ (Brinkmann, S. 127). Die Gespräche erfüllen nach diesen Untersuchungen ihre Aufgabe vor allem als „Gesellschaftskritik, Medium einer lebendigen Wechselwirkung zwischen Individuum und Gesellschaft, Vergegenwärtigung von umfassenden Aspekten des Wirklichen und der aktuellen Geschichtszeit in partikularen und bagatellmäßigen Details“ (Brinkmann, S. 127f.).

Deutlicher als in den wenigen Hinweisen auf die aktuelle Ereignisgeschichte der Bismarckzeit tritt uns der Charakter dieser Epoche in Fontanes Darstellung des pommerschen Landadels gegenüber. Nicht um individuelle Differenzierungen geht es bei den Auftritten der Borckes, Güldenklees und Grasenabbs, im Vordergrund steht vielmehr der Einblick in eine Gesellschaftsschicht, die nur noch durch die Fassade geselliger Rituale und Konventionen zusammengehalten wird. „Mittelmäßige Menschen, von meist zweifelhafter Liebenswürdigkeit, die, während sie vorgaben, über Bismarck und die Kronprinzessin zu sprechen, eigentlich nur Effis Toilette musterten“ (S. 63), so gibt der Erzähler den Eindruck Effis wieder, hinter dem sich Fontane selbst verbirgt. Soziale und politische Abgeschlossenheit ist ebenso wie mentale Enge Kennzeichen dieser ostelbischen Rittergutsbesitzer, deren Güter im Kessiner Kreis meist eine Tagesreise auseinanderliegen, ein Hinweis übrigens (vgl. S. 63), der dem geübten Fontane-Leser zugleich einen Einblick in damalige Grundbesitzgrößen vermittelt.

Anläßlich von Innstettens Visiten, bei Ressourcenball oder der Fontaneschen Landpartievariante „Schlittenfahrt zu Oberförster Ring“, kurz bei allem Geselligen, erhält der Landadel Gelegenheit, sich zu präsentieren. Was Fontane am Standpunkt des preußischen Adels unter anderem kritisiert, die Überzeugung „wonach die Menschheit erst nach dem Baron anfängt“ (Fontane, zit. nach: Liesenhoff, S. 76, Anm. 68), dafür ist die fast als Adelskarikatur gezeichnete Sidonie von Grasenabb ein beredtes Zeugnis. Nach einem Gang englischen Roastbeefs im Hause des Oberförsters Ring stellt sie im Gespräch mit dem Kessiner Pastor Lindequist ihre Sicht von „gesellschaftlichen Ordnungen“ dar: „Ein Oberförster ist ein bißchen mehr als ein Förster, und ein Förster hat nicht solche Weinkühler und solch Silberzeug; das ist alles ungehörig . . .“ (S. 155), womit sie zu verstehen geben will, daß sich der Wohlstand im Ringschen Hause wie eine Kampfansage an historisch gewachsene Herrschafts- und Präsentationsverhältnisse ausnehmen mußte. Mochte Rings Frau auch aus einem reichen Danziger Kornhändlerhause stammen, Ring selbst entstammte einer „Plättfrau in Köslin“ (S. 155), und das genügte für das Urteil, wonach eine solche Familie mit herrschaftlichen Attributen wie Weinkühler und Silbergeschirr nicht umzugehen wußte. Im Dunstkreis eines so gearteten „Nachbaradel(s)“ (S. 177) vollzog sich das gesellschaftliche Leben in Kessin, und es verwundert wenig, daß der Kessiner Landrat von Innstetten zu einem Urteil wie dem Fontanes aus den 90er Jahren nicht fähig war: „Preußen – und mittelbar ganz Deutschland – krankt an unseren Ostelbiern. Über unseren Adel muß hinweggegangen werden; man kann ihn besuchen wie das Ägyptische Museum . . ., aber das Land *ihm* zu Liebe regieren, in dem Wahn: *dieser Adel sei das Land* – das ist unser Unglück" (Fontane, zit. nach: Liesenhoff, S. 77, Anm. 71). Zwar scheint auch Innstetten, hierin den modernen Typus des Beamtenadels repräsentierend, die Fragwürdigkeit „dieser ganzen Umgangs- und Verkehrsfrage" (S. 66) zu durchschauen, aber dies bleibt folgenlos. Die ironische Frage: „Haben die Borckes die Grasenabbs geschlagen, oder umgekehrt, oder hältst du's mit dem alten Güldenklee?" (S. 66) belegt zwar deren Austauschbarkeit auch aus der Perspektive des Landrats, verweist aber zugleich auch auf die Notwendigkeit, sich dieser Kreise durch Anpassung an gesellschaftliche Etikette zu versichern, wenn man politische Karriere machen wollte, und um nichts anderes ging es Innstetten („Also nochmals, Effi, wie wird es werden in Kessin? Wirst du dich einleben? Wirst du populär werden und mir die Majorität sichern, wenn ich in den Reichstag will? Oder bist du für Einsiedlertum, für Ausschluß von der Kessiner Menschheit, so Stadt wie Land?" S. 66)

Wie genau Fontane bei der Beobachtung des pommerschen Landadels gewesen sein muß, belegt eine Episode, die zeigt, daß literarische Wirklichkeit zuweilen durch die Verhältnisse selbst eingeholt und bestätigt wird. Dem Entwurf eines Antwortbriefes von Fontane an einen gewissen Oberst von Glasenapp vom Herbst 1895 entnehmen wir, daß die Darstellung des Landadels in „Effi Briest" zu einer „Verstimmung Anlaß gegeben hat". (Fontane an Otto von Galsenapp). Glasenapp scheint sich über die Namensähnlichkeit der Grasenabbs in Fontanes Roman und über den Hochmut beschwert zu haben, mit der der pommersche Landadel hier dargestellt werde. Daß Glasenapps Klage den Zustand des pommerschen Adels nur bestätigt, darauf hinzuweisen verzichtet Fontane in seinem Entwurf eines Antwortbriefes und wählt stattdessen die Form einer hintergründig ironischen Entschuldigung. Daß Fontanes Distanz zum preußischen Adel Ergebnis eines langjährigen Bewußtseinprozesses gewesen ist, der sich aus Beobachtung und Umgang mit dieser „feinen" Gesellschaft ergab, sollte in diesem Zusammenhang nicht unerwähnt bleiben. „Fontanes Stellung zum preußischen Adel wandelt sich von der ausgesprochenen Verehrung des ‚Wanderungsjahrzehnts' bis zur heftigen, was die politische Haltung des Adels angeht, letztlich vernichtenden Kritik der Friedländer-Korrespondenz" (K. Att- (wood, S. 200. Ein Beispiel der „Friedlaender-Korrespondenz" findet sich in Editionen, S. 349/50).

Die Leitfigur des Fürsten

Wenn von „Effi Briest" als Roman der Bismarckzeit die Rede ist, so muß sich die Betrachtungsweise jedoch vor allem auf die Figur Innstettens konzentrieren. Seine Biographie und politische Sozialisation ist von Beginn des Romans an eng mit der Leitfigur des Fürsten verknüpft. Es erhält inhaltlich wie erzähltechnisch einen besonderen Reiz, daß die Leitfigur Bismarck, wie Müller-Seidel für alle Fontaneschen Eheromane aufgezeigt hat, „immer nur als Hintergrundfigur (erscheint), die selbst nicht spricht, sondern über die gesprochen wird" (Müller-Seidel, S. 54).

Es wäre vermessen und war sicherlich

auch nicht Fontanes Absicht, aus den verschiedenen Hintergrundsauftritten „des Fürsten“ innerhalb des Romans ein auch nur annähernd vollständiges Bismarck-Bild zu entwickeln. Zudem ist das Fontane-Urteil über Bismarck „ein höchst seltsames Gemisch von Bewunderung und kritischer Schärfe“ (Müller-Seidel, S. 42), das in dieser Polarisierung uns im Roman nicht entgegentritt. Was von der Figur des Reichskanzlers in das Romangeschehen eingeht, sind eher Spuren, die Bismarck als Repräsentanten „des alten Preußentums, aristokratisch, agrarisch, hierarchisch“ ausweisen und weniger als einen kalkulierenden Machtpolitiker, „der den Versuch unternahm, die modernen Elemente mit der alten Tradition der Monarchie zu kombinieren“ (Stern, S. 8). Nicht auf einer explizit politischen Ebene als der „königlich-preußische Revolutionär“ (so charakterisierte Karl Marx Bismarck; zit. nach Gall, S. 381) des deutschen Nationalstaates von oben, nicht als der Reichskanzler eines „bonapartistischen Diktatorialsystems bis 1890“ (Wehler, S. 63) tritt die Figur Bismarcks innerhalb dieses Eheroman auf, sondern als ein Mann, der die Atmosphäre der Zeit bis in die privaten Handlungsweisen der Romanfiguren hinein mitbeeinflußt.

Der Einfluß Bismarcks, und dies dokumentiert erst seine eigentliche Machtstellung, bedarf nicht der Präsenz als Handlungsfigur, er ist vielmehr gegenwärtig in dem Wert- und Normengefüge des preußischen Obrigkeitsstaates, als dessen „psychisches Pendant“ H. U. Wehler in anderem Zusammenhang die „Untertanenmentalität“ ausgemacht hat. (Wehler, S. 133) Am Beispiel der politischen Karriere von Innstettens zeigt sich exemplarisch, daß das Verhältnis zwischen Staatsführung und Beamtenschaft hierarchischen Maximen unterworfen war, die sich bis in die Mentalitätsstrukturen der obersten Ministerialbürokratie fortsetzten. Schon der im Vergleich zu Innstetten freisinnige märkische Ritterschaftsrat von Briest wußte, was ihm die relative Freiheit auf dem Herrenhaus Hohen-Cremmen mit persönlicher Verfügungsgewalt über Grund und Boden und Dienstpersonal wert war im Vergleich mit einer „landrätlichen Stellung“, die ihm verschiedentlich angetragen wurde: „So nach meinem eigenen Willen schalten und walten zu können ist mir immer das liebste gewesen, jedenfalls lieber – Pardon Innstetten – als so die Blicke beständig noch oben richten zu müssen. Man hat dann immer bloß Sinn und Merk für hohe und höchste Vorgesetzte. Das ist nichts für mich. Hier leb' ich so freiweg und freue mich über jedes grüne Blatt und über den wilden Wein, der da drüben in die Fenster wächst“ (S. 17).

Innerhalb der politischen Herrschaftsorganisation des Kaiserreichs spielte der Landrat eine besondere Rolle. Als Provinzial- und Kreisbehörde hatte er eine wichtige Gelenkfunktion zwischen der Entscheidungszentrale in Berlin und der Gemeinde. Welches Gewicht dem Landrat auch bei der Vermittlung staatlicher Ideologie aus der Perspektive Bismarcks zukommen konnte, zeigt ein Brief Bismarcks an den Oberpräsidenten in Pommern aus dem Jahre 1863:

„Wir hoffen dann, daß die Herren Präsidenten die Einwirkung auf die Wahlen und die Landräte persönlich ... in die Hand nehmen werden, um feindliche Einflüsse ... auszuschließen ... (Es gibt Landräte, die) nicht mit wünschenswerter Entschiedenheit zur konservativen Sache stehen ... Die Interessen, die wir vertreten, (sind) verloren, wenn wir nicht ... diejenigen schonungslos beseitigen, die nicht entschieden mit uns gehen. (Ich mache) eine Kabinettsfrage aus der Entlassung eines jeden Landrats ..., von dem wir gewiß sind, daß er nicht in unserem Sinne wirkt, wäre er auch mein Bruder oder mein bester Freund“ (Bismarck. Die Gesammelten Werke, Bd. 14,2, S. 68 [zit.

nach: Schmid. Fragen an die deutsche Geschichte Bd. 3, S. 213]).

Daß Subordination unter konservativ-autoritäre Prinzipien die Regel war und Abweichler unter den Landräten die Ausnahme, dafür sorgten schon im Vorfeld die Rekrutierungsmuster und Laufbahnvorschriften innerhalb der „drei Säulen“ des preußisch-deutschen Kaiserreichs: Ministerialbürokratie, Diplomatie und Heer. „Um 1870 betrug der Anteil des Adels an der Diplomatie (Gesandte, Botschafter, Sektionschefs) 75%, an höheren Verwaltungsbeamten ebenfalls 75%. Vom gesamten preußischen Offizierscorps waren 1865 65% adelig ... der Anteil der adeligen Generäle betrug 86%“ (Liesenhoff, S. 20). Noch „um 1910 waren von elf Mitgliedern des preußischen Staatsministerium neun, von 65 wirklichen Geheimräten 38, von 12 Oberpräsidenten 11, von 36 Regierungspräsidenten 25, von 467 Landräten 271 adelig“ (Wehler, S. 76). H. U. Wehler weist darauf hin, daß dieser homogene soziale Herkunftsaspekt bei der Elitenrekrutierung meist noch durch das sogenannte „Juristenmonopol“ ergänzt wird, aus dem sich in Kombination mit Herkunft „politische Gefügigkeit“ und „Beharrungsmentalität als Elemente der Bürokratie der Kaiserzeit ableiten lassen“ (Wehler, S. 76).
Die Romanfigur des Baron von Innstettens ist schon in der Anlage ein Musterbeispiel für Elitenauswahl und die damit verbundenen Bewußtseinsstrukturen.
Märkischem Uradel entstammend, obligatorischer Militärdienst, danach Studium der Juristerei, kurzes Gastspiel im Regiment der Perleberger im „Siebziger Krieg“ (S. 9), das legte die Grundlage für eine höhere Beamtenkarriere im Kaiserreich. Daß im Falle Innstettens aus dieser Grundlage auch Kapital geschlagen wurde, dafür sorgte die Protektion von Bismarck und Kaiser höchstpersönlich. „Bismarck halte große Stücke von ihm und auch der Kaiser“ (S. 9), mit dieser Charakterisierung Innstettens war der Weg zur ersten Karrieresprosse „Landrat im Kessiner Kreise“ geebnet. Was sich Innstetten mit der Aussicht auf ministerielle Karriere und damit auf die Nähe zur Berliner Hofgesellschaft eintauscht, ist der endgültige Verlust an Privatheit, der sich vor allem durch die Unterwerfung unter gesellschaftliche Erwartungen und Rollenzwänge in der Kessiner und Berliner Zeit ausdrückt. Dieser Vorrang von Konvention gegenüber individueller Handlungsfreiheit, von Amt gegenüber Person, bestimmte schon die äußeren Umstände des Eheschließungsrituals in Hohen-Cremmen. Die für den gesamten Romanverlauf bestimmende Dominanz des gesellschaftlich Verpflichtenden gegenüber dem menschlich Notwendigen wird hier erstmals sichtbar. „Nur einen kurzen Urlaub“ hatte Innstetten genommen, um noch am Tage nach der elterlichen Ehevermittlung seine landrätlichen Pflichten in Kessin wiederaufnehmen zu können (S. 17/18). Dem Eheantrag zwischen den Dienstgeschäften entspricht in der Ausklammerung von Privatem auch die Art und Weise, wie der Erzähler in einem nachgeschobenen Bericht über die „Hohen-Cremmer Festtage“ allein dem offiziellen, geselligen Teil einige Beachtung schenkt (vgl. S. 32/33). Folgerichtig erscheint daher nur, daß auch die Kessiner Ehejahre stärker von gesellschaftlicher Anpassung und äußerem Schein („Musterehe“!) als von Persönlichkeitsentfaltung und menschlicher Wärme bestimmt werden. Nicht zuletzt die Eheabende im Hause Innstettens mit ihrer programmatischen Prioritätenliste: Rückzug Innstettens aus Effis Zimmer, Aktenstudium und Durchsicht von Ernennungen und Ordensverleihungen, Wagnerspiel und müde

Zärtlichkeiten belegen dies (vgl. S. 103). Daß Kessin nicht gesellschaftlicher Freiraum, sondern Kontrolle bedeuten mußte, zeigt sich schon zu Beginn dieses Handlungsteils. Gleichsam symbolisch erscheint das Gasthaus „Zum Fürsten Bismarck“ als Wegmarkierung („Denn an eben dieser Stelle gabelte der Weg und zweigte, wie rechts nach Kessin, so links nach Varzin hin ab.“ S. 41), die passiert werden mußte, wollte man nach Kessin oder von Kessin zurück nach Hohen-Cremmen oder gar nach Berlin. Die Figur des Reichskanzlers legt Spuren innerhalb des gesamten Romanverlaufs. Ob in der Pose des Gönners und Förderers der Karriere des Barons von Innstetten (vgl. S. 9), ob als markantes Gasthaus „Zum Fürsten Bismarck“ (S. 41), ob als Gastgeber und Dienstvorgesetzter in Varzin (S. 45, 67), ob als Diskussionsgegenstand beim pommerschen Landadel (S. 63), ob als Symbol des preußischen Militarismus in einer Anspielung des Majors von Crampas (S. 125) oder ob als Ölbild im Herrenhaus des alten Briest an der Seite König Wilhelms I. das siegreiche Preußen „auf der Höhe von Lipa“ repräsentierend (vgl. S. 221), der Fürst ist omnipräsent. Die Präsenz Bismarcks greift am sichtbarsten in die Privatheit der Familie Innstetten ein, wenn sich der Fürst aus der Metropole Berlin auf seinen Herrschaftssitz nach Varzin zurückzieht (Das Rittergut Varzin bei Köslin in Pommern war im Besitz Bismarcks und umfaßte ein Gut mit über 22000 Morgen, zu dem 7 Dörfer gehörten. Vgl. Gall, S. 41/62). Die Anwesenheit des Fürsten und der Fürstin in Varzin bedeutet nämlich mit fast zwanghafter Konsequenz die Abwesenheit Innstettens von Kessin. Der Dominanz des Offiziellen gegenüber dem Privaten – auf sie wurde schon im Zusammenhang mit Innstettens Hohen-Cremmer Ehegesuch hingewiesen – kommt durch die Varziner Aufenthalte vor allem deswegen eine besondere Bedeutung zu, weil Fontane Innstettens Abwesenheit aus Kessin mit den durch das Spuktrauma verursachten Bedrohungsängsten Effis verknüpft. Die zur Karriereabsicherung unerläßliche Nähe zum Fürsten bedeutet zum anderen zunehmende Entfremdung in der Beziehung zu Effi. Im Umgang mit, genauer in der Mißachtung der Ängste Effis offenbart sich, was im Zusammenhang mit den Reaktionen auf den entdeckten Ehebruch am deutlichsten in Erscheinung tritt: einem vermeintlich verbindlichen gesellschaftlichen Normengefüge wird menschliche Rücksichtnahme und persönliche Entscheidungsautonomie geopfert. Dies geschieht um so bereitwilliger, je mehr diese Rücksichtnahme und Entscheidungsfreiheit mit gesellschaftlicher Ächtung und Isolation erkauft werden müßte. „Dann bin ich verloren“, erklärt Innstetten auf die Bitten Effis, „das Haus zu verkaufen“ oder einmal einen Varzin-Besuch abzusagen (S. 78), um ihr die Ängste zu nehmen oder sie zu mildern. Das, was in Kessin Gesellschaft heißt, der pommersche Landadel oder der Fürst selbst, legten ein solches Verständnis für die Bedürfnisse Effis allein als „Lächerlichkeit“ (S. 78) aus. Als Handlungsalternative bliebe einem Mann wie Innstetten nur, die an ihn und sein Amt gestellten Erwartungshaltungen aufzukündigen und damit auf gesellschaftliche Karriere zu verzichten. Eine solche Abkehr von konformem Verhalten zu erwarten, hieße jedoch die Kennzeichnung Innstettens als „Mann von Charakter, ein Mann von Prinzipien“ (S. 12) nicht vor dem Hintergrund eines Obrigkeitssystems zu begreifen. Wenn schon der Umgang mit Effis Ängsten von Innstetten zur gesellschaftlichen Überlebensfrage erklärt wird (vgl. S. 78 „Dann bin ich verloren“), dann wird klar, wie eng der Entscheidungsspielraum des Individuums und wie übermächtig die zum Prinzip geronnenen außengesteuerten Verhaltensnormen geworden sind. Wer solche Normen setzt, wie und warum der Prozeß der Anpassung an solche Normen abläuft und was letztenendes zur Internalisierung solcher Normen führt, das wird nicht nur an der ständekonformen Sozialisation Innstettens vorgeführt, sondern auch am Verhalten Effis in Kessin. Prägten elterliche Erziehungsmuster vor allem geschlechtsspezifisches Rollenverhalten und ständehomogene Partnererwartungen („Jeder ist der Richtige. Natürlich muß er von Adel sein ..." S. 16), so forderte die Rolle der Ehefrau an der Seite des Landrats vor allem gesellschaftliche Anpassung. Zu welcher Persönlichkeitsdeformation diese Anpassung führen konnte, dafür liefert uns Fontane im Zusammenhang mit Effis Angstsyndrom ein eindrucksvolles Beispiel. Zwar artikuliert Effi auf der subjektiven Empfindungsebene ihre Bedrohungsängste und bittet sie Innstetten um entsprechende Rücksichtnahme (Hausverkauf, Absage von Varzin-Besuchen), aber diese Einstellung wandelt sich in dem Augenblick, wo dem persönlichen Furchtempfinden das Korrektiv gesellschaftlicher Notwendigkeit durch Innstetten entgegengestellt wird. Angst wird infolgedessen nicht dadurch rationalisiert und verarbeitet, daß nach ihren Ursachen gefragt würde, sondern allein verdrängt durch das Wissen um die Gefährdung gesellschaftlichen Aufstiegs, die mit dem öffentlichen Bekenntnis zu ihr verbunden wäre. Daß es Bismarck selbst ist, der in Gestalt des gesellschaftlichen Über-Ichs Effi zu der Überzeugung bringt, ihr Verhalten sei „zum Lachen. Denn schließlich ist er doch der Mann, der über uns entscheidet. Auch über mich." (S. 81), zeigt die normbestimmende Verankerung der politischen Machtfigur des Fürsten in der Psychostruktur der Familie Innstetten. Wie bedrohend dennoch Effis Angst bleibt, wie wenig „zum Lachen" die eigentlichen Ursachen für Effis Verhalten (Defizite in der Ehe mit Innstetten und „gesellschaftlicher Notstand" in Kessin) wirklich sind, das belegt erst die Crampas-Geschichte. In ihr vollzieht sich, wenn auch für Effi völlig unbewußt, ein Ausbruch aus Überich-Instanzen, wie sie auf unterschiedlicher Ebene durch Mutter Briest, Geert von Innstetten und Fürst Bismarck im Roman repräsentiert werden.

Die Tragik dieses Befreiungsversuchs liegt jedoch darin, daß er keineswegs zur Ablösung von Zwängen und zur Ich-Identität führt, sondern daß im Gegenteil erst durch seine Entdeckung die existenzvernichtende Gewalt gesellschaftlicher Sanktionsmechanismen ausgelöst wird.

Ehre und Duell

Die Crampas-Episode und mit ihr die Ehegeschichte Effi-Innstetten erhält eine veränderte gesellschaftliche Dimension mit der Entdeckung des Ehebruchs. Mit dem Öffnen von Nähtisch und Liebesbriefen ist der erste Schritt zur Veröffentlichung einer 6½ Jahre zurückliegenden Liebesbeziehung vollzogen und damit die Frage nach dem Verhältnis von außerehelicher Sexualität und gesellschaftlicher Moral gestellt. Was unter dem Schutz von Geheimnis und Intimsphäre für Effi allein ein persönliches Gewissensproblem ist, wird unter den Augen Innstettens zu einer gesellschaftlichen Veranstaltung. Nicht nach den möglichen Handlungsmotiven wird gefragt, nicht von persönlicher Kränkung und Enttäuschung ist die Rede, nicht nach der Mitverantwortung für diesen „Schritt vom Wege" wird gefragt, auch eine Aussprache mit der betroffenen Partnerin wird nicht erwogen. Was allein zählt, ist die Frage nach Sanktion, die der ständische Ehrenkodex für den Ehebruch der Frau verlangt. Die Antwort darauf folgt konsequent dem Verhalten des Ehemanns Armand von Ardenne in Fontanes Romanvorlage. Auch hier erschießt der Ehemann den Ehebrecher im Duell, der gewohnheitsrechtlichen Praxis in höheren Ständen in dieser Zeit folgend. Daß die Praxis des Duells dem geltenden Strafrecht zuwiderlief, dieser Regelverstoß, der meistens mit dem Tod eines der beiden Duellanten endete, schien den standesbewußten Duellverfechtern vergleichsweise geringer als der vermeintliche Ehrverlust durch den Ehebruch der Frau. Im historischen „Scenario des Duells" galt die Verführung eines weiblichen Familienmitglieds als „Beleidigung dritten Grades" (schwerste Beleidigungsstufe), für die die Satisfaktion nur mit der Waffe möglich war (Guttandin, S. 34). Schuldfrage und juristische Untersuchung waren kein Thema, höchstens die Wahl der Waffen. „Mit Hilfe des Duells demonstrierte die Person, daß sie nicht gewillt war, sich einer diskursiven Verständigung über Absicht und Motive zur Verfügung zu stellen" (Guttandin, S. 38). Die Überzeugung, daß das Duell eine „Form geregelter Selbsthülfe auf einem Gebiete, wo der Rechtsschutz versagt, eine Wiederherstellung der gegenseitigen Achtung durch das Eintreten mit der Person und ein ehrenvoller Austrag von Streitigkeiten, in denen keiner dem andern weichen will", sei (Bogulawski, S. 91), blieb in den Kreisen des Offiziers- und Beamtenstands sowie der Studentenschaft bis ins ausgehende 19. Jahrhundert weit verbreitet.

Daß der Ehrbegriff, als eine „Ethik der Öffentlichkeit" verstanden, nicht die Werthaltung einer Allgemeinheit widerspiegelt, sondern einer relativ homogenen Gruppe von Stand, die ebenfalls dem Ehrenkodex verpflichtet ist, und daß diese Ehre „erst im Verlust . . .die öffentliche Aufmerksamkeit auf sich (zieht)", darauf hat Harald Weinrich in seiner Untersuchung „Mythologie der Ehre" hingewiesen (Weinrich, S. 224). Logischerweise mußte der Ehrverlust selbst zunächst erst öffentlich werden, sollte er geahndet werden. Wo, um am Beispiel des Ehebruchs zu bleiben, der Ehemann den Liebhaber in den Armen seiner Frau in flagranti erwischt und im Affekt zur Pistole greift, um seine verletzte Mannesehre wiederherzustellen, wird die eigentliche Öffentlichkeit erst durch die Tat des Ehemannes hergestellt. Wo der Ehrverlust sich von vorneherein unter den Augen der Öffentlichkeit vollzog oder öffentlich zu werden drohte (angenommen die Beziehung Effis zu Crampas wäre Gegenstand pommerscher Landadelsunterhaltung gewesen, oder Crampas hätte die Absicht gehabt, Innstetten in Berlin durch diese Geschichte zu desavouieren), war mit der Ehrverletzung die Frage nach der gesellschaftlichen Reputation verbunden. Forderte der Ehrenkodex das Duell, so war dieses weniger als Vergeltung für erlittene Demütigung zu verstehen, sondern als Zwangsritual zur Verhinderung gesellschaftlicher Ächtung bzw. ständischer Isolation:

> „Im Duell kämpfte die Person gegen die Gefahr ihres sozialen Todes, gegen die soziale Desintegration. Das Duell war so gesehen nicht bloß ein Verstoß gegen staatliche Gesetze, sondern es integrierte die Privatperson in die gesellschaftliche Ordnung. Diesen Aspekt mußte die staatliche Gesetzgebung wohl ins Auge gefaßt haben, als sie im 19. Jh. zu einer im Gegensatz zu früheren Zeit wesentlich milderen Beurteilung des Duells überging. Die Duellanten wurden in der Regel mit Festungshaft, die im Unterschied zum Gefängnis kaum als lästig, mitunter sogar als Auszeichnung empfunden wurde, bestraft. Darüberhinaus wurde die Festungshaft regelmäßig auf dem Gnadenwege verkürzt" (Guttandin, S. 38).

Daß das Duell, und mit ihm die standesbewußten Denkformen, die an ihm festhielten, nicht einfach hingenommen wurden, das belegen verschiedene Duelldebatten im Reichstag ab 1886 und ein breites publizistisches Echo auf diese Kontroversen. (Auszug aus der Duelldebatte 1886 im Reichstag in: Editionen, S. 329ff.). Nicht zuletzt der stark beachtete Ausgang der Ardenne-Geschichte, die ja Fontane als Vorliege diente, hatte dazu beigetragen, und es belegt die zunehmende Sensibilität damaliger bürgerlicher Öffentlichkeit, wenn im Zusammenhang mit dem Opfer von Ardennes Tat von „Duellbarbarei“ die Rede ist (Bonner Volkszeitung vom 5. 12. 1886, zit. nach: H. W. Seiffert, S. 87). In Innstettens Entscheidung zum Duell und den Begründungs- und Legitimationsmustern, die dieser Entscheidung zugrunde liegen, verdichtet sich die zeitgeschichtliche Duelldebatte zu einer Standortbestimmung des Individuums innerhalb des preußisch-ständischen Wertesytems schlechthin. Eingebunden noch ins Zeitalter der Prinzipien werden schon Umbrüche sichtbar, auch wenn die Einsicht noch nicht die Ketten zu sprengen vermag, die dieses Zeitalter ausmachen. Fontanes, im Gegensatz zur Vorlage in den Roman aufgenommene Motiv der Verjährung spitzt die Frage nach dem Sinn von Ehrenkodex und Duell ebenso zu wie die fast tragische Einsicht Innstettens, daß er selbst es ist, der durch die Herstellung von Quasi-Öffentlichkeit (Besuch Wüllerdorfs) den Ehebruch zum ständischen Ehrproblem macht und damit das Duell als unvermeidlich erscheinen läßt (vgl. S. 240).

Wie sehr Duell und Ehre (Zum Begriff der „Ehre“ vgl. F. Zunkel, Stichwort Ehre, Reputation, in: Geschichtliche Grundbegriffe. Bd. 2, S. 1–63) Ausdruck eines ständegebundenen Erwartungsdrucks waren, den das Individuum internalisiert hatte, zeigt beispielhaft der Dialog Innstettens mit Geheimrat von Wüllersdorf. Dessen Gretchenfrage „Müssen Sie's denn tun?“ signalisiert Vorbehalte und verlangt, eine eventuelle Notwendigkeit allein am Maß persönlicher Betroffenheit zu messen: „Fühlen Sie sich so verletzt, beleidigt, empört, daß einer weg muß, er oder Sie? Steht es so?“ (S. 239). Nicht nur Innstettens Zögern, sondern sein nachfolgendes Eingeständnis, „ohne jedes Gefühl von Haß oder gar Durst nach Rache“ zu sein (S. 239) – erstmals spricht Innstetten im Roman über eigene Gefühle – offenbart die Fatalität des Ehrenkodex. Die Rationalisierungsversuche Innstettens, die seinem Imperativ „Ich muß“ (S. 240) vorangehen, können den brüchig gewordenen Zwangscharakter eines gesellschaftlichen Wertesystems kaum verdecken, das an die Stelle eigenverantwortlicher Souveränität Normbindung um jeden Preis setzt. Innstettens Unterordnung unters numinose „Ganze“ (S. 239), die Akzeptanz inhaltlich nicht eindeutig bestimmbarer gesellschaftlicher Verhaltensanforderungen „... im Zusammenleben mit den Menschen hat sich ein *Etwas* (Hervorhebung von den Autoren) ausgebildet, das *nun mal* (Hervorhebung von den Autoren) da ist und nach dessen Paragraphen wir uns gewöhnt haben, alles zu beurteilen, die anderen und uns selbst“ (S. 240), die Hinnahme des „uns tyrannisierende(n) Gesellschafts-Etwas“ (S. 240) ist Höhe- und Endpunkt der Selbstaufgabe der Person unters Diktat gesellschaftlicher Konvention.

Zugleich zeigen sich schon im Duktus des Innstetten-Wüllersdorf-Dialogs erste Anzeichen, die Irritation gegenüber Normativem erkennen lassen. Vor allem Wüllersdorfs Überlegungen und Nachfragen („müssen Sie's durchaus tun?“, „wozu die ganze Geschichte?“) lassen Innstettens Argumentation als zunehmend scheinlogisch und fragwürdig erscheinen. Den Widersprüchen des Zeitalters folgend, bleibt jedoch auch Wüllerdorf trotz partieller Er-

kenntnis „unser Ehrenkultus ist ein Götzendienst, aber wir müssen uns ihm unterwerfen, solange der Götze gilt“ (S. 241), noch in den Bewußtseinsstrukturen des Vergehenden verhaftet, weil noch nicht bewußt ist oder verdrängt wird, daß es die von Innstettens, die von Wüllersdorfs sind, die neben den von Borckes, von Grasenabbs, von Güldenklees und von Bismarcks den Götzen ausmachen. Wüllersdorfs abschließende Scheinrechtfertigung für Innstettens Duellentschluß: „Die Welt ist einmal, wie sie ist, und die Dinge verlaufen nicht, wie wir wollen, sondern wie die andern wollen.“ (S. 241) verschiebt die Verantwortlichkeiten, weil sie aus Akteuren der Herrschaftsstabilisierung deren Opfer zu machen versucht.
Noch verhaftet in gesellschaftlichen Schranken, *schon* vorausdenkend in ein sich wandelndes Wertbewußtsein, dieser Zwiespalt prägt auch Innstettens Selbstgespräch am Abend nach dem Duell. Die Irritationselemente aus Wüllersdorfs Argumentation wirken nach und im konsequenten gedanklichen Nachvollzug einer nicht formaljuristisch verstandenen Verjährungsvorstellung decouvriert Innstetten mit dem Ehrbegriff zugleich seine eigene „Prinzipienreiterei“ (S. 247). Einer „Vorstellung“, einem „Begriff“ zuliebe hat er gehandelt und nicht, was nachvollziehbar gewesen wäre, einem „natürlich menschliche(m) Recht“ folgend, wie es „Haß“ oder „Rachegefühl“ bedeutet hätten (S. 247). Die Gewißheit, daß alles „eine gemachte Geschichte, eine halbe Komödie“ war (S. 247/48), bleibt jedoch folgenlos, weil weder die Macher der Geschichte im Kleinen (die Innstettens) noch im Großen (Bismarck) benannt werden, noch der Erkenntnis eine praktische Verhaltenkorrektur folgt. Im Gegenteil, und hier zeigt Innstettens Gedankengang paranoische Züge, schließt die Einsicht mit dem scheinlogischen Sachzwang: „Und diese Komödie muß ich nun fortsetzen und muß Effi wegschicken und sie ruinieren und mich mit . . .“ (S. 248).

Gesellschaftliche Umbrüche

Ablösung und Bruch mit ständischen Normen, und damit Abschied vom Zeitalter preußischer Prinzipien, wird erst möglich, wo das Individuum bereit ist, auch die persönlichen Konsequenzen eines solchen Abschieds zu tragen. Für die Figur Innstettens bedeutete dies, sich aus seiner Sozialisation zu befreien, berufliche Karriere und Berliner Hofgesellschaft als Lebensperspektive zu relativieren. Solange der Zweifel am Ehrenkodex für Innstetten noch ein Geheimnis seines Kopfes ist, geht es gesellschaftlich aufwärts, und man gewinnt geradezu den Eindruck, daß der Rechtsverstoß Duell von den formalen Wahrern staatlichen Rechts, dem vorgesetzten Minister („Er fand alles, was geschehen, in der Ordnung“ S. 248) oder gar dem Kaiser selbst (sechs Wochen Festungshaft sei in solchen Fällen gerade genug, S. 267) eher als Befähigungsnachweis für höhere Aufgaben begriffen wurde. Jedenfalls vollzieht sich parallel zur Persönlichkeitskrise Innstettens eine preußische Karriere vom Ministerialrat zum Ministerialdirektor (vgl. S. 290). Es ist die tragische Ironie, und Fontane weist hier symbolisch über den Roman hinaus, daß der karrieristische Höhepunkt innerhalb einer „Äußerlichkeitsherrschaft“ (vgl. Theodor Fontane, zit. nach: Liesenhoff, S. 76 Anm. 65) mit dem Tiefpunkt einer persönlichen Entwicklung zusammenfällt. Erstmals durchbricht Innstetten in dem für die gesellschaftliche Perspektive zentralen zweiten Dialog mit Wüllerdorf seine bisherige Orientierung am „Höherhinaufklimmen“ (S. 293). Dem Eingeständnis „Mein Leben ist verpfuscht“ (S. 292) folgt der Rückzugsgedanke aus der Gesellschaft. Daß selbst dessen Konkretisierung nicht frei ist von einem Hochmut, der den späteren kolonialen Imperialismus im Kaiserreich auszeichnete, beweist, wie sehr preußische Sozialisation in Sprache und Denken nachwirkt, auch wenn sich Innstetten auf anderer Ebene davon zu lösen versucht: „Und da hab' ich mir denn, weil das alles nicht geht, als ein Bestes ausgeklügelt: weg von hier, weg und hin unter lauter pechschwarze Kerle, die von Kultur und Ehre nichts wissen. Diese Glücklichen. Denn gerade das, dieser ganze Krimskrams ist doch an allem schuld." (293) In der Entgegnung Wüllersdorfs auf Innstettens ‚Sozialutopie' und Fluchtgedanken wird deutlich, auf welch dünnen Stützen das preußische Tugendsystem von männlichem Ehrenkodex, Pflichtauffassung, Standhaftigkeit und Prinzipientreue noch steht. Die Attribute eines Herrschaftssystems erweisen sich als Maskerade, die Loyalität des Ministerialbürokraten ist nur noch im Rollenspiel aufrechtzuerhalten. Die Alternative zum Ausstieg, zur Flucht, heißt nach der Lebensphilosophie Wüllersdorfs, sich parasitär (vgl. S. 294, Z. 15/16) in einer Gesellschaft einzurichten, die nur noch durch „Hilfskonstruktionen" zusammengehalten wird. (S. 295) Scheinbefriedigungen in den einschlägigen Berliner Amüsements, anschließend das Bierlokal („Drei Seidel beruhigen jedesmal." S. 294), der geheimbünderische Männerzirkel (vgl. S. 295, Z. 15ff.), das scheint übriggeblieben zu sein vom Zeitalter der Prinzipien. Und Fontane setzt dafür ein symbolisches Zeichen, wenn er den Abtritt Wüllersdorf und Innstettens aus der Romanhandlung mit einer Pflichtverletzung des preußischen Beamten enden läßt: „Und wohin gehen Sie nun, Wüllersdorf? Es ist noch zu früh für das Ministerium." – „Ich schenk' es mir heute ganz. (...)" (S. 295).

Deutet man Innstetten unter dem Aspekt des Bewußtseinswandels als historische Übergangsfigur, an der sich exemplarisch der Ablösungsprozeß von preußischen Normvorstellungen vollzieht, so soll wenigstens an diesem Punkt auch auf Romanfiguren hingewiesen werden, die durch ihr Verhalten Oasen der Humanität in der Romanhandlung begründen. Der „Mensch" Gieshübler, die durch kleinbürgerlichen Tugendrigorismus gezeichnete Dienerin Roswitha, Doktor Rummschüttel, der die Eltern Briest erst an ihre menschlichen Pflichten erinnern muß, sie alle repräsentieren eine Gegenwelt, und es ist gewiß kein Zufall, daß ihnen das Adelsprädikat fehlt. Sie bleiben innerhalb des Romans und in der realen Geschichte *noch* Nebenfiguren, wenn auch mit hoher moralisch-humaner Qualität. Die Zeichen, die durch das Verhalten dieser Figuren gesetzt werden, können auch von den Herrschaftsrepräsentanten nicht übersehen werden, und so bekennen Innstetten und Wüllersdorf angesichts eines Bittbriefes der „ergebensten Dienerin Roswitha Gellenhagen", in dem sie im Namen Effis um den Hund Rollo bittet, freimütig: „die ist uns über." (S. 292)

Wenn in dem hier zur Diskussion stehenden Zusammenhang auch die Figur des Ritterschaftsrats von Briest angesprochen wird, so ist seine Einordnung in die Polarität von Prinzipientreue und Menschlichkeit nicht einfach. Was in der gängigen Bewertung dieser Figur meist als ironische Floskel gedeutet wird – „Das ist ein weites Feld" –, stellt sich bei genauerer Prüfung als vorsichtige Distanzierung gegenüber festen Urteilen und eindeutigen Verhaltensmustern dar. Schon durch diese Offenheit der Perspektive wird diese Figur in gewissem Sinne zur Gegenfigur für die anderen Repräsentanten des preußischen Adels. Der alte Briest ist es auch, der, wenn auch spät und auf Drängen von Dr. Rummschüttel, die Rückkehr Effis nach Hohen-Cremmen ermöglicht, und es wirkt wie eine psychische Befreiung, wenn er im Gespäch mit Luise Briest bekennt: „...soll ich hier bis an mein Lebensende den Großinquisitor spielen? Ich kann dir sagen, ich hab' es seit lange satt..." (S. 282). Daneben, und dies macht den Doppelcharakter dieser Figur aus, ist Briest von Beginn an der teilnehmende Beobachter der Ehetragödie seiner Tochter, bleibt seine Offenheit für die private wie gesellschaftliche Situation folgenlos, kommt Briest auch am Ende des Romans über eine individuelle Perspektive der Schuldfrage kaum hinaus.

Effis Aufbegehren gegen ein Schicksal, das ihr von einer Männergesellschaft zugewiesen wird, die einem rigiden Ehrenkodex verpflichtet ist, bleibt auf halbem Wege – und dies ist die Tragödie der Opfer des Zeitalters der Prinzipien – stecken. Nur in einer Schlüsselszene, nach dem Besuch der von Innstetten abgerichteten Tochter Annie, verschafft sich Luft, was sonst hingenommen, psychosomatisiert, allein einer persönlichen Schuld-Sühne-Betrachtung unterworfen wird. Der Ausbruch Effis vollzieht sich als Akt körperlicher Befreiung „so riß Effi, weil sie zu ersticken drohte, ihr Kleid auf und verfiel in ein krampfhaftes Lachen" (S. 279) und endet im psychischen Erschöpfungszustand. Nur in dieser psychischen Ausnahmesituation schafft sich das durch Über-Ich-Normen domestizierte Subjekt eine Bahn und befreit sich aus seinem Rollenzwang der büßenden Sünderin, zu dem es durch gesellschaftliche Ächtung und Isolation verurteilt war. Erstmals werden Haßgefühle artikuliert, erstmals bricht Effi aus dem persönlichen Schuldkomplex aus: „Mich ekelt, was ich getan; aber was mich noch mehr ekelt, das ist eure Tugend. Weg mit euch." (S. 280) Die Einsicht Effis, der Fontane mit der Wahl des doppeldeutigen „euch" hier auch eine gesellschaftliche Dimension gibt, bleibt auf den Moment beschränkt. Ihr folgt durch die Selbstaufgabe in der Krankheit die völlige Rücknahme des Protests und eine Wiederaufnahme der Schuldverinnerlichung. Effi versteht ihren Tod als Sühne und gerechte Bestrafung für Schuld, ohne zu begreifen, daß sie dadurch den Prinzipien Bestand verleiht, die ihre und Innstettens Leiden verursachen. Sie fällt damit noch hinter die Erkenntnisfähigkeit Innstettens zurück (vgl. zweiter Wüllersdorf-Dialog) und endet als 26jährige Effi Briest nicht nur räumlich, sondern auch bewußtseinsmäßig da, wo die Katastrophe durch elterliche Ehevermittlung ihren Ausgang genommen. Daß sie in ihrem Vermächtnis an die Mutter (vgl. S. 300) Innstetten gleichsam die Absolution erteilt, verschafft ihr vielleicht als literarische Frauenfigur ein höheres Maß an Tragik, reiht sie aber als historische Frauenfigur in die Geschichte der Frauen ein, die durch Selbstaufopferung noch zur Stabilisierung von Männerherrschaft beigetragen haben.

Schwerpunktsetzungen – Intentionen – Ziele

Die Verknüpfung von Ehe- und Gesellschaftsroman, in den zurückliegenden Unterrichtsstunden eher angedeutet als auf den Begriff gebracht, rückt ins Zentrum dieser Sequenz. Mit dem entdeckten Ehebruch Effis vollzieht sich, deutlicher als in den vorangehenden Handlungsteilen, die Ausweitung des Eheromans zum Gesellschaftsroman. Erst die Verletzung einer gesellschaftlichen Norm und die ihr folgenden Sanktionsformen offenbaren die repressiven Strukturen der herrschenden Moral und ihrer Repräsentanten. Der Figur von Innstettens kommt dabei im wörtlichen Sinne eine Schlüsselrolle zu. Er ist es, der die 6½ Jahre zurückliegenden

Liebesbriefe in einem aufgebrochenen Nähtisch entdeckt und damit den Ehebruch seiner Frau erst öffentlich macht. Setzt der schriftstellerisch wohl kalkulierte Zufall zunächst allein den betrogenen Ehemann ins Bild, so ist jener es selbst, der aufgrund eines vermeintlich verpflichtenden Ehrenkodex dem Ehebruch erst eine gesellschaftliche Dimension verleiht. Die Fontanesche Andeutung der Verführungsgeschichte einerseits, die die Intimität von Crampas und Effi respektvoll wahrt, die klatschsüchtige Preisgabe dieser Intimität im Zuge der Duellberichte in den Berliner Zeitungsblättern andererseits (vgl. S. 250), verdeutlichen vielleicht am eindringlichsten das Spannungsfeld zwischen Privatheit und Öffentlichkeit, das es zunächst in dieser Sequenz zu thematisieren gilt.

Mit dem entdeckten und öffentlich gemachten Ehebruch, dies wäre zum zweiten herauszuarbeiten, verlieren die handelnden Personen ihre potentielle Entscheidungsautonomie als Ehepartner. Ein tradiertes Regelsystem, sowohl in der fragwürdig gewordenen Form der Standesehre als auch in den gültigen Bestimmungen des bürgerlichen Eherechts, verlangt Konsequenzen, deren Mißachtung zwar individuell möglich, für die gesellschaftliche Stellung aber ruinös wäre. Wo durch „Bekanntgabe" der Ehebruch einer Bewertung nach ständischem Ehrverständnis und nach herrschenden Rechtsnormen unterworfen wird, wo er dadurch nicht mehr allein Privatsache des betrogenen Ehemanns bleibt, da kommen Handlungszwänge ins Spiel, die allein dem Rechnung tragen, was eine bestimmte normsetzende „Öffentlichkeit" erfordert. Diese vermeintliche Zwangsläufigkeit, die die innere Logik des Handlungsverlaufs nach den entdeckten Briefen bestimmt, gilt es im Unterricht zu problematisieren. Warum „muß" Innstetten Crampas zum Duell fordern, warum „muß" Crampas dieser Forderung nachkommen, warum „muß" die Ehe geschieden, das Kind der Mutter entzogen, die Ehefrau gesellschaftlich isoliert werden? Welche Einsicht, Rücksicht oder welcher Zwang liegt den Handlungsweisen zugrunde, welche Alternativen wären denkbar, ja unter den historischen Bedingungen sogar realisierbar gewesen, all dies sollten Fragen innerhalb dieser Sequenz sein, die die Verbindlichkeit fremdbestimmter Werthaltungen relativieren und die Schüler dazu anregen, im Konflikt zwischen gesellschaftlicher Anforderung und privater Verantwortung selbst Position zu beziehen und diese zu begründen.

Der Handlungsablauf des letzten Romandrittels muß schon deshalb eine Herausforderung für Verhaltensbeurteilung darstellen, weil die Akteure selbst aus ihrem Handeln und den gesellschaftlichen Erfahrungen persönliche Einsichten ableiten, die eigene Verhaltensnormen relativieren. Der vermeintlichen Zwangsläufigkeit des äußeren Geschehens nach der Entdeckung der Briefe steht nämlich eine zunehmende innere Differenzierung der Romanfiguren gegenüber, die in nuce die Aufkündigung des „Zeitalters der Prinzipien" ankündigt. Vor allem die Figur Baron von Innstettens, bis zur Duellentscheidung die Inkarnation des preußischen Tugendkanons, gewinnt in den Gesprächen mit Wüllersdorf und einem zentralen Selbstgespräch an Erkenntnisfähigkeit und verweist auf die Brüchigkeit gesellschaftlicher Strukturen. Im Gegensatz zu seinen Handlungen offenbaren seine klarsichtigen Reflexionen gleichsam auf der Metaebene die außengesteuerten Normsetzungen als Ausdruck eines gesellschaftlichen Zwangscharakters und entlarven das, was er selbst durch Duellentscheid und Scheidung mitvollzieht, als „halbe Komödie", als Farce. Die Schizophrenie, daß im Kopf *schon* abgelehnt wird, was mit der Pistole, dem Scheidungsantrag, der Isolation *noch* ausgeführt wird, muß auch bedacht werden bei der Überlegung, ob von einem so motivierten Romanende überhaupt noch Tragik auszugehen vermag. (Zur Frage, ob es sich bei „Effi Briest" wirklich um einen „tragischen Roman" handelt, siehe Müller-Seidel, S. 372f.)

Zwiespältiges kennzeichnet vor allem Effis Verhalten nach dem Ehebruch und seiner Entdeckung. In einem psychologisch aufschlußreichen ‚Fenstermonolog' Effis über die Beziehung von Schuld- und Schamempfinden wird offenbar, daß Effis „Scham" weniger der Beziehung gegenüber Crampas gilt als dem gesellschaftlich bedingten „Lügenspiel" („von wegen dem ewigen Lug und Trug" S. 222) gegenüber Innstetten. Während an späterer Stelle Effi sogar partiell den Zusammenhang von individueller Schuld und gesellschaftlicher Repression durchschaut und ansatzweise gegen ihn aufbegehrt (vgl. Monolog S. 279/80), bleibt am Ende des Romans allein das Bild der schuldbewußten Büßerin, die durch die Flucht in den ‚Opfertod' die Legitimität von Innstettens Verhalten gerade in dem Augenblick bestätigt, wo dieser den Widersinn seines Handelns erfaßt.

Bei der Diskussion über die „Schuldfrage", die diese Sequenz abschließt, erhalten die zuletztgenannten Disparitäten eine wichtige Bedeutung, weil sich durch die Komplexität der Fontaneschen Romanfiguren monokausale Erklärungsmodelle und singuläre Schuldzuweisungen kaum rechtferigen lassen.

Die „Schuldfrage", die Suche nach Verantwortlichen und der Verantwortung für diese Ehetragödie, rückt neben den Folgen der Ehebruchsgeschichte nochmals die Vorgeschichte in Erinnerung. Dieser fast selbstverständliche Verweis auf die Ursache-Folge-Verkettung ist um so notwendiger, als die den Ehebruch bedingenden Faktoren bei den Reaktionen, die auf die entdeckten Liebesbriefe folgen, völlig außer acht geraten. Mit dem Blick aufs Ganze, der auch das gesellschaftliche Bezugsgefüge der Ehe Innstetten miteinschließt, soll verhindert werden, daß der Fontanesche Roman vom Schluß ausgehend zur Schicksalstragödie Effis verengt wird und dadurch seiner umfassenderen gesellschaftlichen Aussageintention beraubt wird. Die Einbindung, nicht aber die Aufhebung der Schuldproblematik in den Kontext ständischer Wertbindungen und Verhaltensrituale der Bismarck-Ära, die nochmalige Betonung der geschlechtsspezifischen Sozialisationsmuster, die das Rollenbild Effis bis zu ihrer Selbstaufopferung prägen, ist gerade bei der abschließenden Bewertung des Romans wichtig, weil sie eine Personalisierung der Schuldfrage relativiert.

Die Antwort auf die „Schuldfrage" kann weder allein in der Mängelanalyse der Individualcharaktere liegen, noch in der Übertragung der Verantwortung auf *die* Gesellschaft. Gerade letzteres bleibt folgenlos, wenn die herrschafts- und normstabilisierenden Repräsentanten dieser Gesellschaft nicht benannt werden, sondern wie in der Vorstellungswelt Innstettens auch in den Köpfen der heutigen Leser und Schüler als anonymes, schicksalhaftes „tyrannisierendes Gesellschafts-Etwas" fortbestehen. Daß Regeln immer auch bestimmten Interessen von Ständen oder gesellschaftlichen Gruppen entsprechen, daß durch vermeintlich verbindliche Werthaltungen auch Hierarchien und Herrschaftsverhältnisse aufrechterhalten werden, daß mit Normen auch Ängste erzeugt und damit Abhängigkeiten begründet werden sollen, diesen Zusammenhang am Beispiel einer Ehegeschichte in einem Gesellschaftsroman des ausgehenden 19. Jh. aufzuzeigen, könnte auch Perspektiven über die Romananalyse hinaus liefern. Die Frage nach der Selbstbestimmung und Selbstentfaltung des Einzelnen (der Frau wie des Mannes) innerhalb von Partnerschaft, Beruf, Familie und Gesellschaft ist eine dieser Perspektiven, die uns vor dem Hochmut bewahren, die Widersprüche seien gelöst.

13. Stunde: „Wozu gibt es Öfen und Kamine?" – Die Entdeckung der Briefe

Phase 1

Der hier gewählte Einstieg über ein Bild des viktorianischen Genremalers A. L. Egg (vgl. Editionen, S. 313) dient zunächst allein dazu, den gezeigten Sachverhalt zum Ausgangspunkt für die vergleichbare Situation der Ehebruchsentdeckung in Fontanes Roman zu nutzen. Eine intensivere Auseinandersetzung mit Vergleichbarem und Unvergleichbarem muß, was die Umstände, Anspielungen und Symbolik in diesem Bild Eggs angeht, vor allem deshalb unterbleiben, weil die vorliegende schwarz-weiße Kleinstkopie bestenfalls Andeutungen zu vermitteln vermag. Dies schließt aber nicht aus, den Schülern am Beispiel dieses Bildes, wenn auch in Form eines kurzen Lehrervortrags, Einblicke in mögliche Verbindungslinien zwischen Literatur und Malerei aufzuzeigen. So hat Peter Klaus Schuster, dessen anregender Untersuchung „Theodor Fontane. Effi Briest – Ein Leben in christlichen Bildern" auch der Hinweis auf Eggs Bild entstammt, an verschiedenen Beispielen belegt, wie stark Stoff und Darstellungsweise in Fontanes Romanen mit Themen, Motiven und Aussageintentionen der von ihm geschätzten Werke der bildenden Kunst verwandt sind. Egg, so erfahren wir z. B. von Schuster, hat das Thema der „gefallenen Frau" in einem dreiteiligen Bilderzyklus mit dem Titel „Past and Present" gestaltet, dessen erstes Bild, wie in der Vorlage abgelichtet, die untreue Frau zu Füßen des betroffenen Ehemanns liegend zeigt, dessen zweites den weiteren Niedergang der Familie mit den verwaisten Kindern und dessen drittes schließlich die Einsamkeit und das Ausgestoßensein der gefallenen Frau festhält. Fontane hat als regelmäßiger Besucher englischer Ausstellungen in den 50er und 60er Jahren sehr wahrscheinlich diese und andere präraffaelitischen Bilder gekannt und gewußt, wie sehr sich hinter der Fassade dieser an alten christlichen Leitbildern orientierten Malerei auch eine Kritik an der puritanischen viktorianischen Moral und vor allem an der Rollenfixierung der Frau verbarg. Auch für den anspielungsreichen Realismus der Präraffaeliten und ihrer möglichen Einflüsse auf Fontane gibt Schuster am Beispiel von Eggs Bild Interpretationshilfen, die das, was auf unserer verkleinerten Vorlage kaum mehr zu erkennen ist, zu erhellen vermögen. Das linke Bild im Bild dient wie der geteilte Apfel in der unteren Bildmitte als Hinweis auf Evas Sündenfall, die nichtsahnenden Kinder, die im linken Bildhintergrund ein Kartenhaus bauen, bauen damit am Sinnbild für das bevorstehende Ende ihres häuslichen Glücks.

Was uns Eggs sichtbarer Teil seines Bildes vermittelt, ist innerhalb seines Bilderzyklus, der ja auch als epischer Handlungsablauf begriffen werden kann, dreierlei: Die Entdeckung von Liebesbriefen durch den Ehemann ist ein gängiger Topos innerhalb von Ehebruchsgeschichten. Das Öffnen der Briefe eröffnet eine Ehetragödie. Blick und Verhalten des Ehemannes wie die Ohnmacht der Frau signalisieren die sich anbahnende Unfähigkeit zum Konfliktaustrag. Diese drei Beobachtungen finden sich in Fontanes Roman wieder. Die Entdeckung des Ehebruchs selbst, und diese Feststellung ist für die folgende Untersuchung wichtig, vollzieht sich in beiden Fällen im privaten Raum, unter Ausschluß von Öffentlichkeit. Wir werden weder mit der Entdeckung des Ehebruchs in flagranti noch mit einer Entdeckung coram publico, z. B. durch Denuziation innerhalb der Gesellschaft, konfrontiert. Letztere beiden Varianten könnten neben anderen im Zusammenhang mit Fontanes Brief an H. Wichmann (Editionen, S. 348) erörtert werden und auf ihre möglicherweise veränderten Konsequenzen für den Romanverlauf untersucht werden. Das Dilemma, in dem sich Fontane bei der literarischen Gestaltung der Art und Umstände der Ehebruchseröffnung sah (wahrscheinlich/trivial), könnten Schüler selbst erfahren, wenn sie andere Entdeckungsvarianten zu schreiben versuchen. Motivierend kann in dieser Phase auch die Frage sein, welche Konsequenzen die Nichtentdeckung des Ehebruchs für den Roman hätte. Da erfahrungsgemäß sowohl gezielte Gestaltungsversuche (Varianten) als auch spekulative, aber in sich plausible Handlungsmodelle sehr viel Zeit benötigen, wird man sich an dieser Stelle mit Impulsen begnügen müssen, die in häuslicher Eigenarbeit nach Lust ausgeführt werden können.

Phase 2 und 3

Die Einordnung der Ehebruchsentdeckung in den Romankontext steht im Zentrum dieser Stunde. Daß wir es bei dieser Szene um den Höhe- und Wendepunkt innerhalb des Romanverlaufs zu tun haben, einem Umschlag, der die Auflösung der Ehe und damit die Tragödie einleitet, soll sich aus einem vorstrukturierten Arbeitsblatt (s. Stundenblatt) ergeben, das es im weiteren Unterrichtsverlauf in Gruppenarbeit oder im Gespräch zu ergänzen gilt. Die Vorgaben auf dem Arbeitsblatt sollten Information enthalten, die die Schüler auf folgende Aspekte hinweisen:

(1) Der Zeitpunkt der gefundenen Briefe liegt 6½ Jahre hinter der Crampas-Geschichte.

(2) Der Zeitpunkt der Entdeckung fällt in eine Phase harmonischer Ehejahre und in eine Phase gesellschaftlicher Integration am Berliner Hof.

(3) Kessin ist in der Berliner Zeit eine zunehmend verblassende Erinnerung (läßt man einmal an dieser Stelle die psychosomatischen Implikationen der Emser Kuraufenthalte der 25jährigen Effi außer acht!).

(4) Alles, was der Entdeckung der Briefe folgt, ist nicht mehr Handlung des Ehepaares Innstetten.

So gesehen ist das Öffnen der Briefe das Ende der Ehe. Gibt man das bisherige Romangeschehen in dem Arbeitsblatt als aufsteigende Spannungskurve vor, so ordnen Schüler meist sehr rasch die Entdekkung des Ehebruchs und die dadurch ausgelösten Folgen in einen Handlungsverlauf ein, der dem Handlungsaufbau eines klassischen fünfaktigen Dramas nicht unähnlich ist. Exposition der Ehehandlung in Hohen-Cremmen, dramatische Entfaltung in Kessin, Höhe- und zugleich Wendepunkt in Berlin, retardierende Elemente in der Berlin-Handlung, tragischer Schlußakt in Hohen-Cremmen, dieser vereinfachte dramatisch-epische Prozeß könnte ein sinnvolles Ergebnis sein. Der aristotelische Begriff der Peripetie, der hier die plötzliche Wendung im Schicksal des Ehepaares bezeichnet, markiert auch den zum tragödienverwandten Schluß hin abfallenden Handlungsteil, der mit den Stichworten Duell, Scheidung, Trennung Mutter-Kind, gesellschaftliche Isolierung und Tod Effis umschrieben ist. Die Kate-

gorie „Fallhöhe“ wird hier in Abwandlung des klassisch-dramaturgischen Begriffs gebraucht und soll nur unterstreichen, daß die Ehetragödie gerade an einem Punkt einsetzt, der vom bisherigen Verlauf der Ehe her als glücklich zu bezeichenn wäre.
In Kenntnis des gesamten dramatischen Handlungsgefüges und des Stellenwertes, den die Entdeckung des Ehebruchs in diesem Gefüge einnimmt, könnte mit den Schülern in der abschließenden 3. Phase eine These diskutiert werden, die es in den beiden nachfolgenden Unterrichtsstunden zu belegen gilt. Wenn in der These die Behauptung aufgestellt wird, daß durch die Entdeckung des Ehebruchs der Eheroman zum Gesellschaftsroman wird, so ist Widerspruch beabsichtigt. Inwieweit ist das, was die Ehe Effi/Innstetten bisher bestimmt hat, frei von gesellschaftlichen Konventionen und Zwängen? Inwieweit erschließt die bekannt gewordene gesellschaftliche Regelverletzung in der Tat eine neue qualitative Dimension von Gesellschaftlichkeit? Unstrittig dürfte sein, daß nicht der vollzogene Ehebruch, sondern allein seine Enthüllung das Ende der Ehe bedeutet. Wäre eine partnerschaftliche Lösung einer gesellschaftlichen Normverletzung vorstellbar, wenn ja, ist Innstetten unabhängig genug zu einer solchen Entscheidung? Zwischen Öffnen und Öffentlichkeit, das soll die nachfolgende Stunde zeigen, entscheidet sich die Zukunft der Ehe Effis mit Geert von Innstetten.
Der Erfolg dieser Stunde entscheidet sich an Bescheidenerem: an der intensiven Vorarbeit zum Dialog zwischen Innstetten und Wüllersdorf. Eine sinnvolle Hausaufgabe könnte sein: Textgrundlage S. 237, Z. 15 – S. 241, Z. 35. Beschreiben Sie die Beziehung der beiden Dialogpartner zueinander, und halten Sie in einer Pro/Contra-Gegenüberstellung fest, welche Argumente und Gegenargumente der jeweilige Partner zum Thema Duell vorbringt.

14. Stunde: „Muß es ein?“ – Entscheidung zum Duell

Phase 1

Die Auseinandersetzung mit dem argumentativen Glanzstück des Romans, dem Duelldialog Innstettens mit Wüllerdorf, leitet eine gezielte Falschinformation ein. Die Schüler werden mit einer erfundenen Fontane-Variante konfrontiert, nach der Frau von Crampas im verschlossenen Sekretär ihres Mannes die Liebesbriefe Effis entdeckt. Sie fordert Effi Briest zum Duell, Roswitha soll die Forderung überbringen. Die Frage, warum Fontane wohl diese Variante verworfen habe, beantworten Schüler meist sehr spontan mit „lächerlich“, „abwegig“, „unglaubwürdig“. In der Tat ist das gewählte Frauenszenario mit dem damaligen wie heutigen Rollenverständnis der Frau nur schwer zu vereinbaren, obwohl der erfundenen Situation diesselbe Legitimation zugrunde liegen würde, die Innstetten auch für seine Reaktion beansprucht. Gerade die Irritation, ja vielleicht sogar Lächerlichkeit, die von der Vorstellung einer Frau von Crampas mit Schießeisen und einer zum Duell geforderten Effi ausgeht, könnte schon im Vorfeld der Dialoganalyse den Blick für das schärfen, was bei einer rein textimmanenten Betrachtung des Innstetten/Wüllersdorf-Gesprächs bestenfalls nebenbei beachtet wird: daß das Duell als ritualisiertes Instrument zur Ehrenrettung bei Ehebruch, das die Tötung mindestens eines der Beteiligten einschließt, auch Ausdruck eines bestimmten Männlichkeitsbildes ist. Hier befinden Männer nicht nur über ihr eigenes Schicksal, sondern auch über das ihrer Frauen (Frau von Crampas wie Effis), ja sogar ihrer Kinder (wie im Falle von Annie). Daß sich auch im vorliegenden Fall der Konflikt an verletzter Mannesehre entzündet, wo doch durch den Ehebruch auch die Ehre von Frau von Crampas berührt ist, entspricht dem zuvor benannten Männlichkeitsbild, das durch die eingangs beschriebene Vorstellung zweier sich duellierender Ehefrauen vielleicht an dieser Stelle im Unterricht zu Kenntlichkeit entstellt werden könnte.

Phase 2

Die Inhaltsanalyse des Dialogs, durch die schriftliche Hausaufgabe hoffentlich gründlich abgesichert, leiten zwei Fragen ein:

1. Weshalb bittet Innstetten von Wüllersdorf um ein Gespräch?
2. In welchem Verhältnis steht Innstetten zu Wüllersdorf?

Mit beiden Fragen sollen gleich zu Beginn zwei Aspekte herausgestellt werden, die für die Bewertung des weiteren Dialogverlaufs nicht folgenlos sein können.

Zu 1: Mit der Bitte um Wüllersdorfs abendlichen Besuch ist aus der Perspektive Innstettens der Entschluß zum Duell schon vollzogen. Intendiert ist von seiner Seite also zunächst keine Entscheidungsfindung im Gespräch, sondern allein die Bitte um Sekundanz im Duellgeschehen.

Zu 2: Die Beziehung der beiden Dialogpartner ist neben einem freundschaftlichen Vertrauensverhältnis auch durch ein administratives Dienstverhältnis innerhalb der Ministerialbürokratie bestimmt. Innstetten ist Ministerialrat, Wüllersdorf ranghöher Ministerialdirektor, folgt man jedenfalls dem Fontaneschen Erzähler (vgl. S. 188) und nicht der dazu in Widerspruch stehenden Aussage Innstettens, der Wüllersdorf im Duellgespräch als „einen geplagten Ministerialrat" bezeichnet (S. 237).

Beide Aspekte, die Bitte um Sekundanz wie das Wissen um die gesellschaftliche Position der Dialogpartner, bestimmen den folgenreichen Schritt vom Öffnen der Briefe hin zur Öffentlichkeit des Ehebruchs. Dieser Schritt, und zugleich die verspätete Einsicht Innstettens, daß er es selbst war, der das „Spiel" (S. 240) mit der Benachrichtigung Wüllersdorfs aus der Hand gab, müßte im Unterrichtsgespräch herausgearbeitet werden, weil die Verlagerung des Ehebruchs aus dem privaten Bereich ins Forum einer bestimmten gesellschaftlichen Öffentlichkeit die folgenden Handlungszwänge Innstettens erst auslöst. Dabei sollte im Zusammenhang mit den von Innstetten angeführten Kategorien des „Mitwissers", der „Verschwiegenheit" und der „Kontrolle" diskutiert werden, inwiefern es sich bei dem Gespräch mit Wüllersdorf in der Tat nicht nur um eine vertrauliche Aussprache unter Freunden handelt, sondern auch um einen gesellschaftlichen Vorgang, der die Duellentscheidung scheinbar unwiderrufbar macht.

„Was hat sich, völlig unabhängig vom Argumentationsinhalt, durch die Mitwisserschaft Wüllersdorfs in der Ehebruchsgeschichte verändert?" dies könnte eine Ausgangsfrage sein, die zu den vorangehenden Überlegungen anregt.

Orientiert man sich im Unterrichtsgespräch stärker am Argumentationsablauf der beiden Dialogpartner, so steht selbstverständlich die Verjährungsfrage im Vordergrund. Mit dem Motiv der Verjährung, der Ehebruch liegt 6½ Jahre zurück, fügt Fontane ein wichtiges Element in die Duelldiskussion ein, das die Ardenne-Vorlage nicht kennt. Zu Recht ist darauf hingewiesen worden, daß es sich hierbei nicht um einen formaljuristischen Disput einer Verjährungstheorie handelt (vgl. Müller-Seidel, S. 366), sondern um die Glaubwürdigkeit einer Duellentscheidung, die nicht der Spontaneität eines ehrverletzten Ehemannes entspringt, sondern der Verpflichtung gegenüber noch gültigen gesellschaftlichen Ritualen. Die Überlegung, warum Fontane im Gegensatz zur Ardenne-Vorlage das Motiv der Verjährung einführt, sollte im Unterricht die Frage nach der Legitimität des Duell ins Zentrum rükken. Da sich Innstetten „ohne jedes Gefühl von Haß oder gar von Durst nach Rache" weiß (S. 234), fehlt seiner Duellentscheidung jede „menschliche Legitimität" und „Leidenschaft", die vielleicht noch das Duell motivieren könnte. (Müller-Seidel, S. 370/1) Das Ausbleiben von persönlicher Betroffenheit und Enttäuschung ist neben dem Mangel an überzeugenden Argumenten der Grund dafür, warum Innstettens Entscheidung für den Leser jede Glaubwürdigkeit verliert. Seine Unterwerfung unters Diktat des gesellschaftlich Verpflichtenden beweist allenfalls die Lächerlichkeit eines ständischen Prinzips, bei dem es um die formale Einlösung des Ehrenkodex geht und nicht um menschliche Empfindungen.

Ziel der Dialoganalyse sollte sein, daß die Schüler die immanente Logik des Argumentationsablaufs als brüchig durchschauen. An exemplarischen Argumentationsmustern wie „Ich habe keine andere Wahl. Ich muß", „Aber im Zusammenleben mit den Menschen hat sich ein Etwas ausgebildet, das nun mal da ist", „Die Welt ist einmal wie sie ist", „Unser Ehrenkultus ist ein Götzendienst, aber wir müssen uns ihm unterwerfen, solange der Götze gilt" etc. ließen sich fehlende Begründungszusammenhänge, Tautologien, apodiktische Setzungen anstelle rationaler Entscheidungen aufzeigen. Dialogpassagen wie diese sollten vor allem erhellen, daß es sich bei diesem Dialog nicht um den Diskurs entscheidungsautonomer Individuen handelt, sondern um Rollenzwänge und Normbindungen zweier ständischer Repräsentanten der Bismarckschen Ministerialbürokratie, die ihre Ohnmacht durch vordergründige Sachzwanglogik zu kaschieren versuchen. Bei aller Kritik sollte jedoch zugleich mitbedacht werden, daß die beiden Dialogpartner, und dies wirft ein Schlaglicht auf die Akzeptanz der hier zur Diskussion stehenden Wert- und Ehrbegriffe, von der Schlüssigkeit der Duellentscheidung nur bedingt überzeugt sind. Schon die Tatsache, daß Wüllersdorf Innstettens Bitte um Sekundanz mit der gar nicht „naive(n) Vorfrage: muß es sein?" (S. 237) begegnet und damit nach Legitimation für vermeintliche Ehrenhandlungen verlangt, verdient Beachtung. In seinen Fragen und Reaktionen (z. B. „Wüllersdorf schwieg", „Ich weiß doch nicht, Innstetten") spiegelt sich von Anfang an, was die Notwendigkeit des Duells betrifft, eher Skepsis als Überzeugung. Noch in seiner abschließenden Rechtfertigung des Duells benennt Wüllersdorf das Entscheidungsdilemma, in dem die beiden Dialogpartner stehen „Ich finde es furchtbar, daß Sie recht haben, aber Sie *haben* recht. (. . .) Die Welt ist einmal, wie sie ist, und die Dinge verlaufen nicht wie *wir* wollen, sondern wie die *andern* wollen". (S. 241) Wüllersdorf umschreibt hier, was Innstetten im selben Dialog als Rechtfertigungsgrundlage seiner Entscheidung benennt, „jenes, wenn Sie so wollen, uns tyrannisierende Gesellschafts-Etwas", (S. 240). In beiden Äußerungen mischt sich Einsicht mit Verblendung. Weder Innstetten noch Wüllersdorf begreifen die Duellentscheidung als subjektiv notwendig. Beide verstehen sich allein als Ausführungsorgan des herr-

schenden Ehrenkodex. Was dadurch verborgen bleibt, ist zum Abschluß dieser Unterrichtsphase auf den Begriff zu bringen:
Wüllersdorfs Antithetik von „wir“ und „die andern“ (S. 241, Z. 24/25) verzerrt ebenso wie Innstettens schicksalhaftes Verschwörungs-Theorem vom „uns tyrannisierende(n) Gesellschafts-Etwas“ (S. 240, Z. 11) die gesellschaftlichen Realitäten der Zeit. Die Garanten und Erfüllungsgehilfen einer aristokratisch-ständischen Gesellschaft, deren obsolet gewordene Prinzipien im „Ehrenkultus“ des Duells ihren fragwürdigsten Ausdruck finden, stilisieren sich zu Opfern und perpetuieren mit dem Duellritual zugleich die Mentalitätsstrukturen, die solche Handlungen hervorrufen.

Phase 3

Innstettens Selbstgespräch nach dem Duell kann nur bei äußerst zeitökonomischer Stundenplanung den Abschluß bilden. Es genügen aber in dieser Phase einige Hinweise, die den in Phase 2 bereits aufgezeigten Zwiespalt Innstettens nochmals unterstreichen. Die Fragen „Was erkennt Innstetten in diesem Selbstgespräch?“ und „Welche Schlußfolgerungen zieht er aus dieser Erkenntnis?“ lenken den Blick darauf, daß Innstetten zwar am Beispiel der Verjährungs-Theorie die „Grenze“ von „Ehre“ und „Unsinn“ als fließend erfaßt, daß er die Duellentscheidung ex post zwar als „eine gemachte Geschichte, halbe Komödie“ decouvriert, daß er aber gleichzeitig dieser Einsicht die scheinlogische Konsequenz folgen läßt: „Und diese Komödie muß ich nun fortsetzen und muß Effi wegschicken und sie ruinieren und mich mit...“ (S. 248). Was sich also auf den ersten Blick gegenüber dem Dialog mit Wüllersdorf als Erkenntniszugewinn Innstettens deuten läßt (im Selbstgespräch spricht er aus, was Wüllersdorf zuvor zu bedenken gibt), erweist sich unter dem Aspekt des Handelns erneut als Unterwerfung unters Diktat gesellschaftlicher Zwänge. Fragt man nach Motiven für diese Unterwerfungsgeste oder danach, warum Handlungsalternativen nicht einmal erwogen werden, so bleibt außer der Fixierung auf ständisches Statusbewußtsein und Sicherung gesellschaftlicher Integration wenig Einleuchtendes. Was dies für die Tragikfähigkeit der literarischen Romanfiguren von Innstetten wie Effi zu bedeuten hat, könnte schon an dieser Stelle durch einen Hinweis auf den klassischen Tragik-Begriff (vgl. z.B. Stichwort ‚Tragik‘ in: G. v. Wilpert. Sachwörterbuch der Literatur) verdeutlicht werden.

Hausaufgabe

Die abschließende Hausaufgabe (Lektüre: Editionen, S. 329–334 und Lexikonstichwort „Ehebruch“ aus Meyers Konversations-Lexikon 1894, vgl. S. 92f.) soll eine Diskussionsgrundlage für die nachfolgende Stunde bieten, die das Thema „Ehebruch und mögliche Reaktionen“ nochmals aus einer allgemeineren Perspektive zu beleuchten versucht.

15. Stunde: Vom Trugbild der „Männerehre“ und „Frauenopfer“ – Einstellungen zum Ehebruch

Wenn in dieser Stunde nochmals die Ehebruchsproblematik und deren mögliche Folgen thematisiert werden, so geschieht dies aus mehreren Gründen. Liefert der Blick in Meyers Konversationslexikon von 1894 vor allem einen Überblick über den Rechts- und Bewußtseinswandel, die

Strafverfolgung des Ehebruchs betreffend, so zeigen uns die Einblicke in die historische Duelldiskussion im Deutschen Reichstag 1886, daß die Legitimationsgrundlage des Duellwesens in weiten Kreisen auch des gebildeten Bürgertums längst brüchig geworden war. Hinzu kam, daß das Duell nach den geltenden Strafrechtsbestimmungen des Deutschen Reichs rechtswidrig war und geahndet werden mußte. Daß in der Rechtspraxis der Strafrechtsverstoß Duell jedoch eher Billigung fand und seine Bestrafung, wenn überhaupt, nur symbolischen Charakter hatte, beweisen die Reaktionen der staatlichen Repräsentanten auf Innstettens Handlungsweise. Während der dienstvorgesetzte Minister „alles, was geschehen, in der Ordnung (fand)" (S. 248), kommentierte der Kaiser persönlich Innstettens Festungshaft in Glatz unzweideutig: „sechs Wochen in solchen Fällen sei gerade genug" (S. 267). Diese Äußerungen lassen vermuten, daß die Mißbilligung eher dem Duellverzicht gegolten hätte.

Neben der Verankerung der Ehebruchs- und Duellfrage im historischen Rahmen der Fontane-Zeit sollte den Schülern abschließend die Möglichkeit gegeben werden, das Thema Ehebruch auch einmal losgelöst von historischen und literarischen Handlungsmodellen zu diskutieren.

Phase 1

Die schichtenspezifische Problemlösungsalternative „Stuhlbein" versus „geregelter Kampf", die ein Zeitgenosse Fontanes so formulierte: „Der Ungebildete greift zum Stuhlbein, der Mann der höheren Stände stellt sich im geregelten Kampfe." (Boguslawski, S. 4) ist provokativ genug, um die Auseinandersetzung mit Innstettens Duellentscheidung zu motivieren. Ergänzend dazu bietet Fontanes Roman selbst, wenn auch nicht im Zusammenhang mit der Ehebruchsgeschichte Effis, eine vergleichsweise handfestere Variante an, um auf Verstöße moralischer Normvorstellungen zu reagieren. In Roswithas kleinbürgerlich-proletarischer Lebensgeschichte (vgl. S. 179–181) ist es die „glühende Eisenstange" (S. 230) des väterlichen Dorfschmieds, der die unehelich schwanger gewordene Tochter nur durch Flucht entgeht. Folgte man dem „Gebot der Ehre", wie es der adelige Vertreter der Deutschen Reichspartei in der Duelldebatte verstand (vgl. Editionen, S. 330/32), so wäre die sittlich verfeinerte Reaktionsform in aristokratischen Kreisen, in einem der Roswitha-Geschichte vergleichbaren Fall, die Duellforderung des Vaters gegenüber dem Verführer der Tochter wegen „verletzter Ehre". Einer ernsthafte Prüfung hält Boguslawskis Diffamierung des „Stuhlbeins" und Stilisierung des „Duells" in keinem Falle stand. Daß die Gewalttätigkeit im Affekt etwa gegenüber dem in flagranti ertappten Verführer und/oder seiner Geliebten als Rachehandlung subjektiv noch nachvollziehbar ist, dafür könnte Innstetten selbst als Gewährsmann angeführt werden: „Rache ist nichts Schönes, aber was Menschliches und hat ein natürliches Recht." (S. 247)

Das Duell hingegen, von Boguslawski als Sublimierung niederer Gewaltinstinkte und Kulturprodukt ausgegeben, fungierte in Wahrheit als Konvention und Abgrenzungsprivileg für eine ständisch-aristokratische Sondergerichtsbarkeit (vgl. Duellgesetze, Duellkodex). Das Reglement des Ehrenkodex ersetzte gleichsam die individuelle Duellentscheidung, und das Procedere des Duellverlaufs selbst (Wahl der Sekundanten, Überbringen der Forderung, Prüfung der Satisfaktionsfähigkeit, Wahl der Waffenart, Festlegung des Kampfplatzes, Kampfbedingungen, Unterzeichnen des Duellprotokolls durch die

Sekundanten) richtete das Augenmerk eher auf ordnungsgemäße Durchführung als auf die Frage nach dem Sinn dieser „Veranstaltung".

Das Unverständnis der Schüler gegenüber Innstettens Duellentscheidung gründet gerade darin, daß sie frei ist von jeder Leidenschaft und subjektiven Betroffenheit. Diesen Aspekt hat Fontane durch den Kunstgriff der 6½jährigen Distanz zwischen Ehebruch und Entdeckung besonders hervorgehoben und dadurch die Fragwürdigkeit des Duellwesens insgesamt auf die Spitze getrieben.

Phase 2

Das Stichwort „Ehebruch" aus Meyers Konversationslexikon (vgl. S. 92f.) aus dem Jahre 1894 rückt mit der Frage nach dem Sinn von Strafe bei Ehebruch das eigentliche Dilemma ins Zentrum. Folgten wir in Phase 1 noch der immanenten Logik der Akteure, nach der „Stuhlbein" und „geregelter Kampf" als Problemlösungen zu betrachten seien, so macht die Frage, was denn durch diese Reaktionsweisen gelöst werde, klar, daß es sich dabei bestenfalls um Problemverschiebungen handelt. In der Tat haben Reaktionen, die auf die gewaltsame Beseitigung der Ehebrechenden aus sind, den Zweck, eine Erörterung der Konfliktursachen zu verhindern. Der Schuldspruch geht in jedem Falle der Schuldfrage voran. Die Wandlungen im Rechtsverständnis von der altrömischen Tötungsbefugnis bei Ehebruch bis zur Straffreiheit im ausgehenden 19. Jahrhundert umreißen das Spektrum des juristisch Denkbaren. Für Fontanes Zeit ist der Hinweis beachtenswert, daß das deutsche Reichsstrafgesetz bei Ehebruch zwar eine Gefängnisstrafe von 1 Tag bis 6 Monaten vorsah, daß aber im Deutschen Kaiserreich jährlich nur etwa 50 Fälle nach dem geltenden § 172 verurteilt wurden (s. Lexikon-Artikel). Auch dieses Indiz zeigt, wie fragwürdig nach der damaligen staatlichen Rechtssprechung die Strafbarkeit des Ehebruchs geworden war. Nach der heutigen Rechtssprechung ist der Ehebruch nicht mehr Gegenstand des Strafgesetzbuchs, er erscheint als einer der möglichen Scheidungsgründe nur noch im § 42 des seit 1946 gültigen Ehegesetzes.

Geht man bei den dieser Unterrichtsphase zugrundeliegenden Informationsmaterialien (Lexikon-Artikel, Duell-Debattenauszüge, Bruchstücke aus den Verhandlungen des ständischen Ausschusses zum Ehe- und Familienrecht) einmal weniger dem juristischen Sachverhalt nach, sondern versucht man die Denkmuster zu ergründen, die der Bewertung des Ehebruchs zugrundeliegen, so ist zweierlei auffällig: Zum einen geht das Bestrafungsbedürfnis gegenüber dem/den Ehebrecher(n) von einem Verfügungsanspruch über den Ehepartner aus. Hier wird aus dem ehelichen Treueversprechen ein Besitzanspruch abgeleitet. Zum anderen wird hartnäckig dem Vorurteil das Wort geredet, nach dem der Ehebruch der Frau ungleich schwerer wiege als der Ehebruch des Mannes. In beiden Denkmustern spiegelt sich ein Eheverständnis, das weniger von mündiger Partnerschaft als von männlichem Herrschaftsmonopol geprägt ist. Seinen verzerrtesten Ausdruck findet dieses Bewußtsein noch im Ritual des Männerduells, das den Gedanken der persönlichen Ehre nur in der männlichen Ausformung zu denken vermag.

Phase 3

Die Auseinandersetzung mit Innstettens Reaktion auf Effis Crampasgeschichte hat die Schüler lange genug auf die Perspektive der Fontane-Zeit eingeengt. Die hier vorgeschlagene Aktualisierung verlangt den betroffenen Standpunkt und nicht das

Ehebruch (Adulterium), **die wissentliche Verletzung einer bestehenden Ehe durch außerehelichen Beischlaf.** Leben in einem solchen Fall beide Personen in verschiedenen Ehen, werden also durch den E. zwei Ehen verletzt, so spricht man von einem Doppelehebruch (adulterium duplex, Oberhurerei in der peinlichen Gerichtsordnung Karls V. genannt), während, wenn nur eine der beiden schuldigen Personen verheiratet, ein einfacher E. (adulterium simplex) vorhanden ist. Es erscheint jedoch im letztern Fall nach heutigem Recht auch der nicht verheiratete Teil als Ehebrecher, wofern er nur von der Ehe des andern Kenntnis hatte. Der Begriff des Ehebruchs ist nicht zu allen Zeiten derselbe gewesen. Nach römisch-rechtlicher Anschauung ist adulterium nur der Bruch der ehelichen Treue durch die Frau und die Störung fremder Ehe durch den Mann, nicht aber der geschlechtliche Verkehr des verheirateten Mannes mit einer unverheirateten Frauensperson. Ebenso auch das ältere deutsche und das mosaische Recht. Zudem begnügte sich das altrömische Recht damit, dem beleidigten Ehemann oder demjenigen, welcher die treulose Ehefrau in seiner väterlichen Gewalt hatte, die Bestrafung der Schuldigen zu überlassen; es war diesen gestattet, den auf der That ertappten Ehebrecher und die schuldige Frau eigenmächtig zu töten. Als dann an Stelle der ursprünglichen Sittenreinheit des römischen Volkes eine immer größere Verdorbenheit einriß, machte sich die Aufstellung von Strafbestimmungen über den E. erforderlich, welche namentlich in der unter Augustus erlassenen Lex Julia de adulteriis coercendis (17 oder 16 v. Chr.) in ausführlicher Weise gegeben wurden. Die alte Tötungsbefugnis blieb, wenn auch nur innerhalb enger Grenzen, sowohl dem Gatten als dem Vater erhalten. Nach Justinianischem Recht trifft den Ehebrecher das Schwert; die Ehebrecherin kommt ins Kloster, aus welchem sie ihr Gatte nach Ablauf von zwei Jahren befreien kann (Novelle 134). Erst das kanonische Recht, die Ehe als Sakrament betrachtend, ahndet die Verletzung der ehelichen Treue nicht bloß an der Ehefrau, sondern in gleicher Weise an dem Ehemann und an der ledigen Konkumbentin eines solchen. Aber dem weltlichen Rechte gegenüber vermochte die kirchliche Auffassung nicht durchzudringen. Die peinliche Gerichtsordnung Karls V. (1532) hatte nicht den Mut, eine durchgreifende Bestimmung zu treffen; Art. 120 begnügt sich mit der Verweisung auf „die Sage Unsrer Vorfahren u. Unsre kaiserlichen Rechte". Die Landesgesetzgebung bemühte sich vergebens, die Gleichstellung von Mann und Weib durchzusetzen; die Rechtsprechung blieb schwankend, nur bei öffentlichem Ärgernis wurde von Amts wegen eingeschritten, und die Gerichte scheuten sich, die Schwertstrafe zu verhängen. Noch milder beurteilte das Zeitalter der Aufklärung den E., den es als eine die öffentliche Rechtsordnung nicht berührende Verletzung des zwischen den Ehegatten geschlossenen Vertrages ansah. Nach moderner Auffassung ist der E. gerichtet gegen die staatliche Einrichtung der Ehe, als der Grundlage aller rechtlichen und gesellschaftlichen Ordnung. Darin liegt der Rechtsgrund für die Strafbarkeit des Ehebruchs. Dennoch ist die Strafgesetzgebung des 19. Jahrh. zu keiner einheitlichen Behandlung des Ehebruchs gelangt. Die Wirkungslosigkeit von Strafdrohungen gegenüber Leidenschaft und Genußsucht, die Unsicherheit der Verfolgung und Bestrafung, wohl auch die Rücksicht auf herrschende Anschauungen haben manche Rechte (so England, Genf, Hamburg 1869) dahin geführt, den E. straflos zu lassen; die romanischen Gesetzgebungen strafen zwar sowohl den E. der Frau als auch den des Mannes, den letztern aber nur unter einschränkenden Voraussetzungen (Frankreich: wenn der Mann eine Konkubine in der ehelichen Wohnung unterhalten hat), die einer Straflosigkeit des Mannes fast gleichkommen. Und es kann in der Thar nicht geleugnet werden, daß der E. der Frau sowohl in den Augen der Gesellschaft als auch in rechtlicher Beziehung (wegen der Möglichkeit der Empfängnis) eine wesentlich andere und schwerere Bedeutung hat als der des Mannes. Dennoch hat die auf deutschem Boden erwachsene Strafgesetzgebung grundsätzlich an der Gleichstellung des Mannes mit der Frau festgehalten. Ein Blick in die Zahlenreihen der Kriminalstatistik zeigt freilich, daß Verurteilungen wegen E. äußerst selten sind (im Deutschen Reich etwa 50 Fälle jährlich) und zumeist wegen Doppelehebruchs erfolgen. Nach dem österreichischen Strafgesetzbuch wird der E. als Übertretung mit Arrest von 1—6 Monaten, die Frau aber dann strenger bestraft, wenn durch den begangenen E. über die Rechtmäßigkeit der nachfolgenden Geburt ein Zweifel entstehen kann. Nach dem deutschen Reichsstrafgesetzbuch (§ 172) wird der E. an dem schuldigen Ehegatten und an dessen Mitschuldigen mit Gefängnis von 1 Tag bis zu 6 Monaten bestraft. Die Bestrafung eines vollendeten Ehebruchs setzt aber voraus: einmal, daß die in Frage stehende Ehe, welche durch den E. verletzt wurde, wegen dieses Ehebruchs rechtskräftig geschieden, und dann, daß ein besonderer Antrag auf Bestrafung von seiten des verletzten Ehegatten gestellt worden sei. Erstere Bestimmung erscheint deshalb als gerechtfertigt, weil dadurch verhütet wird, daß eine Anzeige wegen angeblich oder wirklich verübten Ehebruchs zur Erlangung von Vorteilen oder gar zu Erpressungen benutzt werde, während sich die letztere Bestimmung durch die Rücksichtnahme auf das Familienleben empfiehlt. Dabei ist zu beachten, daß nur der eigentliche Beischlaf als E. erscheint, jeder andersartige, wenn auch sittlich noch so verwerfliche Verkehr mit Personen des andern oder auch desselben Geschlechts unter gar keinen Umständen hierher gerechnet werden kann. Vgl. Rosenthal, Die Rechtsfolgen des Ehebruchs (Würzb. 1880); Bennecke, Die strafrechtliche Lehre vom E. (Marb. 1884).

Aus: Meyers Konversationslexikon, Leipzig und Wien, 5. Aufl. 1894, Bd. 5, S. 416 ff.

distanzierte Urteil gegenüber der Handlungsweise einer Romanfigur. Sollen bei Schülern dieses Alters Einstellungen gegenüber Partnerschaft und Partnertreue ermittelt werden, so ist Behutsamkeit wünschenswert, wenn mehr erzielt werden will als Schweigen einerseits und scheinsouveräne Überheblichkeit gegenüber Ehebindungen andererseits. Um ein einigermaßen unverfälschtes Bild über die vorhandenen Bewertungen der Schüler zu diesen Fragen zu erhalten, empfiehlt sich als Einstieg ein anonymer Fragebogen nach dem Muster Seite 95.

Die Auswertung dieses anonymen Fragebogens, nach Schülerinnen und Schülern getrennt, sollte nun durch die repräsentativen Befragungsergebnisse aus der Allensbach Umfrage der Jahre 1949, 1963 und 1978 (s. Stundenblatt) ergänzt werden. Sowohl die signifikanten Veränderungen innerhalb der repräsentativen Umfragen als auch möglichen Abweichungen gegenüber dem Schülerfragebogen wären zu diskutieren und auf ihre möglichen Ursachen zu befragen. Selbstverständlich kann es dabei nicht um die Analyse komplexer soziologischer Zusammenhänge ge-

Fragebogen

Billigen oder verurteilen Sie es, wenn verheiratete Menschen neben ihrer Ehe intime Beziehungen unterhalten?

Befragte:	billigen	verurteilen	unentschieden
männlich			
weiblich			

hen. Wichtiger wäre in unserem Falle, die Schüler ihre Vorstellungen von Partnerschaft verbalisieren zu lassen und danach zu fragen, wie auf Partnerkonflikte sinnvoll zu reagieren sei. Danach könnten auch Vermutungen angestellt werden, wie groß (oder wie klein) die strukturellen Veränderungen im Partnerverhalten gegenüber der Fontane-Zeit sind.

Exkurs

Für literarisch interessierte Schüler soll an dieser Stelle kurz eine Alternative oder Ergänzung zu dem in der 15. Stunde beschriebenen Unterrichtsinhalt aufgezeigt werden. Diese Variante setzt allerdings voraus, daß – wie eingangs der Stundenblätter empfohlen – sich wenigstens einige Schüler der Mühe thematisch verwandter Romanlektüre unterziehen. Mit Fontanes Novelle „L'Adultera" und Tolstois „Anna Karenina" ließe sich gerade im Zusammenhang mit der Eröffnung des Ehebruchs und den daraus abzuleitenden Konsequenzen ein sehr sinnvoller Vergleich unterschiedlicher Handlungsmotivationen anstellen. In der Reaktion des begüterten Kommerzienrat van der Straaten gegenüber dem außerehelichen Verhältnis seiner 25 Jahre jüngeren Ehefrau Melanie wie in der Reaktion des Gouverneur Alexej Alexandrowitsch Karenin gegenüber dem Bekenntnis Anna Kareninas wird uns ein psychologisch subtiles Repertoire männlicher Reaktionsweisen auf den Ehebruch der Ehefrau vorgeführt. Dabei erwächst das Spannungspotential nach dem entdeckten Ehebruch gerade nicht aus manifest gewaltsamen Lösungen wie im Fall von Innstettens Duell und seiner radikalen Trennung von Effi, sondern aus dem von van Straaten und Karenin ganz unterschiedlich motivierten Versuch, äußerlich den Schein einer intakten Ehe zu wahren. Daß dieser „Lösungsversuch" psychisch für die betroffene Ehefrau nicht weniger verheerend ist als Innstettens Verhaltensweise, könnte vor allem an den Überlegungen Alexej Alexandrowitschs dokumentiert werden. Was dem Bekenntnis Annas über ihre Beziehung zu Wronski folgt, ist das Psychogramm eines Ehemanns, der in einer Verknüpfung von Enttäuschung und Kalkül alle denkbaren Antwortvarianten auf die Ehebruchseröffnung durchspielt. In nüchterner Abwägung des eigenen Vorteils und Nachteils wie des Vor- und Nachteils für die ehebrechenden Partner wird der Gedanke an Duell, Scheidung oder Trennung ohne Scheidung verworfen. Dabei ist Alexej Alexandrowitschs Auseinandersetzung mit dem Duellwesen auch ein zeitgenössisches Dokument für die Einschätzung des Duell im Rußland der 70er Jahre:

„Zweifellos steht unsere obere Gesellschaftsschicht kulturell noch auf einer so tiefen Stufe, daß – anders als in England – sehr viele . . .ein Duell gutheißen würden“ (Tolstoi; Anna Karenina Bd. 1, S. 393).

Der Praxis des Duells stellt Alexej die Sinnfrage entgegen und legt offen, daß sowohl die Möglichkeit des eigenen Todes wie die Tötung des Liebhabers nichts dazu beitrügen, „um mein Verhältnis zu meiner schuldigen Frau . . . zu klären“ (ebenda S. 394). Da Alexej vom alleinigen Verschulden seiner Frau ausgeht, erscheint es ihm widersinnig, das eigene Leben aufs Spiel zu setzen oder durch Scheidung das Liebesverhältnis zu Wronski sogar noch zu bestärken. Die einzige „Lösung“, und dies ist der dramatische Höhepunkt dieser Szene, ist für Alexej die „äußere Beibehaltung des Status quo“ (ebenda S. 396), denn allein das Beharren auf der Ehe vermag die vermeintlich Schuldige „unglücklich“ zu machen. Die ungleich tragischere Konstellation, die sich hieraus für Anna etwa im Gegensatz zur Verhaltensweise Innstettens ergibt, wäre im Unterrichtsgespräch herauszuarbeiten.

16. Stunde: „Effi Briest“ – ein Roman des gesellschaftlichen Umbruchs(?)

Die beiden nachfolgenden Stunden schließen die Romananalyse ab und thematisieren die gesellschaftlichen Perspektiven und Grenzen, die sich vor allem aus den Erfahrungen und Einsichten der beiden zentralen Romanfiguren Innstetten und Effi ableiten lassen. Hier wird deutlich zu machen sein, daß sich hinter dem Zusammenbruch einer persönlichen Ehegeschichte auch der schrittweise Zusammenbruch eines obsolet gewordenen Wertekanons und seiner Repräsentanten vollzieht. Daß sich solch gesamtgesellschaftliche Umbrüche etwa im Bewußtseinswandel Innstettens, aber auch Wüllersdorfs oder des alten Briest ankündigen, steht außer Frage. Wenn dabei die Notwendigkeit von Veränderung im wesentlichen nur im Kopf gedacht oder im Raum des Privaten ausgesprochen wird und nicht sofort konkrete Praxis wird, so ist dieser vermeintliche Mangel nur ein Beleg dafür, wie genau Fontane die Vorgänge seiner Zeit zu beobachten wußte. Auch daß das eigentliche Opfer gesellschaftlicher Zwänge, nämlich Effi, durch ihre märtyrerhafte Schuldübernahme weit hinter der Erkenntnisfähigkeit der Repräsentanten dieser Zwänge zurückbleibt, erscheint vor dem Hintergrund ihrer Sozialisation und der Frauenrolle dieser Zeit realistischer als die emanzipierte Frauenfigur in der Berliner Gesellschaft, die sich der eine oder andere eher wünscht.

Phase 1

Mit der Simplicissimus-Karikatur „Das hohe Roß der Ehre“ (s. Editionen, S. 328) ist die vorwiegend gesellschaftspolitische Thematik dieser Stunde vorgegeben. Zwei Fragen können zum Verständnis der nicht einfach zu deutenden Zeichnung hilfreich sein:

1. Wer sitzt auf dem hohen Roß der Ehre?
2. Wer bleibt bei diesem Ritt auf der Strecke?

Die Beschreibung der Figuren gibt zugleich Aufschlüsse über ihre gesellschaftliche Repräsentanz. Am Zügel der Vertreter des Staates, ein Paragraphenreiter(!) mit friderizianischem Hut und altem

Zopf, dahinter ein mit eisernem Kreuz dekorierter Großbürger mit Geldsack. Sein Hirschgeweih ist vielleicht eine Anspielung auf das Sinnbild des „gehörnten Ehemanns“, der von seiner Frau betrogen wird, ohne es zu merken. Die Dame, Ehefrau oder nur Kokotte, hat ein enges Verhältnis zu einem monokeltragenden Leutnant, dessen materielle Grundlage der bürgerliche Geldsack ist. Über diesen Repräsentanten der „Ehre“ der pistolenschwingende Sekundant, ein Indiz für das Duellwesen. Während dem Burschenschaftler, wenn auch um den Verlust einiger Geldscheine, gerade noch der Aufstieg aufs „hohe Roß“ zu gelingen scheint, begnügt sich der Künstler mit den abfallenden Dukaten der gesellschaftlich Herrschenden. Justitia, gleich dreifach entmachtet, gefesselt, blind und betäubt zugleich, vermag in das Geschehen nicht mehr einzugreifen. Die Richtung weist der Hurra-Militarismus der Kanonengalionsfigur mit preußischer Pickelhaube. Dieser Figur gegenüber und im deutlichen Kontrast die auf dieser Karikatur am schwierigsten einzuordnenden Figur eines Spielers (Zylinder mit Spielkarten), der sich im Angesicht des Spiegels erschießt. Die Bahn des „Ehrenrosses“ pflastern Totenköpfe. Das „Roß der Ehre“ selbst stellt in Wirklichkeit ein hölzernes Spielzeugpferd dar, dessen Unbeweglichkeit den Akteuren des Geschehens entgeht. Die genaue Beschreibung des Bildes und der Versuch, die dargestellten Zusammenhänge aufzuspüren, verlangen Geduld, die man sich an dieser Stelle leisten sollte.
Hier wird uns, wenn auch in äußerst pointierter Zuspitzung, ein Gesellschaftsbild vor Augen geführt, dem auch die Romanfiguren Fontanes entstammen. Der Begriff der „Ehre“, seine Nutznießer und seine Opfer werden hier so schonungslos decouvriert und benannt, daß die Bezüge zu Fontanes Roman evident erscheinen. Ob die Darstellungsmittel und Möglichkeiten dieser zeitgenössischen Karikatur in ihrer gesellschaftskritischen Schärfe mehr oder weniger zu bewirken vermögen, als die ungleich verstecktere und subtilere Gesellschaftskritik in Fontanes Roman, diese Frage könnte an dieser Stelle wenigstens angesprochen werden.

Phase 2

Eingangs soll kurz eine Variante skizziert werden, die das vorliegende Stundenblatt nicht ausweist. Da in der Phase Innstetten ins Zentrum rückt, könnte auch der Brief Fontanes an Kühnast vom Oktober 1895 (s. Editionen, S. 346) ein sinnvoller Ausgangspunkt sein. Das Beurteilungsspektrum, das Innstetten hier wiederfährt, reicht vom „alten Ekel“ (Urteil zeitgenössischer Leser) bis „ein ganz ausgezeichnetes Menschenexemplar“ (Fontane selbst). Unter Berücksichtigung der Vorarbeiten aus der Hausaufgabe wie der zurückliegenden Romananalyse könnten die Schüler ihr eigenes Urteil zu begründen versuchen.
Wenn im Stundenblatt die Beurteilung der Innstetten-Figur durch ein stark lehrerzentriertes Unterrichtsverfahren und unter Zuhilfenahme eines vorbereiteten Arbeitsblattes, auf dem die genauen Textbelege aufgelistet sind (vgl. Stundenblatt), empfohlen wird, so deshalb, weil die zentralen Textstellen, die Innstetten als repräsentativen Charakter einer ständisch-aristokratischen Gesellschaft ausweisen, den Schülern meist nicht mehr unmittelbar verfügbar sind. Auf exakte Belege, und daher sind die Vorgaben auf dem Arbeitsblatt vertretbar, kommt es aber an, wenn die verschiedenen Werthaltungen Innstettens, die sich unter dem Einfluß des Duells und der Ehescheidung wandeln, ermittelt werden sollen. Der zweite Dialog zwischen Innstetten und

Wüllersdorf, mit dem sich beide zugleich aus dem Roman verabschieden, stellt einen „Umbruch" im Bewußtsein der beiden Romanfiguren dar, und diesen gilt es herauszuarbeiten. Was sich im Duellgespräch und Innstettens Kupee-Monolog nach dem Duell schon andeutet, die Entlarvung gesellschaftlicher Verhaltensrituale als „halbe Komödie", wird hier erstmals und einmalig ausgeführt. Innstetten wie Wüllersdorf sind Figuren des Übergangs und symbolisieren schon den Zusammenbruch ständischer Bewußtseins- und Herrschaftsstrukturen, auch wenn ihr im privaten Raum ausgesprochener Protest für ihr eigenes Handeln noch folgenlos bleibt. Als gleichsam wegweisend für das Bild einer Gesellschaft, die an die Stelle abstrakter Prinzipien Menschlichkeit setzen könnte, mag in diesem Zusammenhang auf eine Textpassage innerhalb des zweiten Innstetten-Wüllersdorf-Dialogs verwiesen werden, die allzuleicht überlesen wird. Der liebenswürdigsten, weil ehrlichsten, nicht ehrenhaften Nebenfigur des gesamten Fontane-Romans, der Vertreterin des Dienstpersonals, Roswitha Gellenhagen, gehört die stille Bewunderung: „Ja", sagte Wüllersdorf, „die ist uns über". „Finde ich auch." (S. 292) Fontanes Kunst, im fast beiläufigen Detail, gesellschaftliche Perspektiven anzudeuten, wäre hiermit einmal mehr belegt.

Phase 3 / Hausaufgabe

Gemessen an dem Einsichtsvermögen Innstettens, und dies kann an dieser Stelle bestensfalls nur noch angedeutet werden, bleibt Effis Fähigkeit, die Folgen des Ehebruchs im gesellschaftlichen Zusammenhang zu begreifen, weit zurück. Die Hausaufgabe (Vergleich des Monologs Effis nach Annies Besuch S. 279–280 mit der Schlußszene im elterlichen Haus in Hohen-Cremmen) sollte die Grundlagen bilden, um die Verhaltensweise Effis und ihr Schuldverständnis am Schluß des Romans zu problematisieren.

17. Stunde: Die Schuldfrage – Einsichten und Verblendungen

Vorüberlegungen zu einer verworfenen Variante

In den Unterrichtserprobungen für die „Effi Briest"-Stundenblätter bildete die Abschlußstunde meist ein improvisiertes Rollenspiel nach dem fernsehwirksamen Muster „Ehen vor Gericht". Solche Spielversuche, bei denen der literarische Text nur noch als szenisches Material dient, werden in der Unterrichtspraxis bei der Dramen- wie der Romanbesprechung immer wieder angeboten. Die Schwierigkeiten bei der didaktischen Umsetzung liegen dabei wie immer im Detail und sprengen bei gründlicher Vorbereitung meist den vorgegebenen zeitlichen Rahmen (Rollenverteilung, Ausarbeitung von Rollentexten oder Sammeln rollenspezifischen Argumentationsmaterials, Sachkundigmachen mit den prozessualen Abläufen und Rechtsbestimmungen entweder der historischen Zeit oder der Gegenwart etc.). Das im Unterricht erprobte „Modell" war sehr bescheiden und überschaubar, daher in seiner Aussagekraft auch angreifbar. In Anlehnung an eine erfundene Effi-Rede in Christine Brückners „Wenn Du geredet hättest, Desdemona" wurde den Schülern folgende Situation vorgegeben:
Effi erhält von einem Berliner Scheidungsrichter die schriftliche Begründung des Scheidungsurteils, das ihr die Alleinschuld für das Scheitern der Ehe zuweist.

Das Urteil enthält auch den Hinweis, daß die gemeinsame Tochter dem Vater zugesprochen wird. Effi erhebt gegen dieses Urteil Einspruch und begründet diesen Einspruch schriftlich. Dieser fiktive Brief sollte von den Schülern selbst verfaßt werden. Aufgrund des Einspruchs kommt es zur Neuaufnahme des Scheidungsprozesses. Neben dem Richter und den Anwälten der Beteiligten sind geladen: Effi, Innstetten, Anni, als Zeugen die Eltern Briest, Roswitha, Gieshübler, Frau von Crampas. Als Rechtsgrundlage dienen die einschlägigen Bestimmungen des Bürgerlichen Gesetzbuchs, des Ehegesetzes in der Fassung von 1946 und aktuelle Ausführungen zum Scheidungsverfahren. Im Namen der Klasse ergeht das Urteil. Obwohl die Schüler meist sehr motiviert dieses Verfahren im doppelten Sinne aufgreifen, birgt es die Gefahr, daß ein wesentlicher Aspekt des Romans bei dieser Schlußbetrachtung außer acht bleibt. Die literarische Romanfigur Effi Briest greift eben nicht in das Handlungsgeschehen ein, sondern ist dessen passives Opfer bis zur Selbstaufgabe. Einsichtsfähig ist, wenn überhaupt, Innstetten, und gerade der säße im fiktiven Prozeß vor allem auf der Anklagebank. Um der Wahrheit des Romans willen und um den Romanfiguren gerecht zu werden, wurde das Gerichtsspiel als Schlußvariante verworfen.

Phase 1 und 2

Diese Abschlußrunde stellt die Frage nach Schuld und Schuldigen. Vor allem Effis Schuldverinnerlichung am Ende des Romans sollte hier diskutiert werden. Aus der Gegenüberstellung zweier Textstellen, in denen Effi sich zu ihrer Schuld äußert (s. Stundenblatt), könnte die Frage formuliert werden, warum Effi im abschließenden Gespräch mit ihrer Mutter weit hinter die im früheren Monolog (vgl. S. 279/80) geäußerte Einsicht zurückfällt. Ein vorstrukturiertes Arbeitsblatt (s. Stundenblatt) soll in dieser Phase helfen, zur Erklärung von Effis Schuldbekenntnis beizutragen.

Eine ungeordnete Vorgabe von 10 entscheidenden Abschnitten im Leben Effis wäre mit der Aufforderung zu verbinden: „Setzen Sie die einzelnen Aspekte in eine kausale Beziehung." Aus diesen Abschnitten kann das Psychogramm eines Individuums entwickelt werden, das aufgrund elterlicher Sozialisation und gesellschaftlicher Rollenerwartungen unfähig ist, den Abhängigkeits- und Unterdrückungskreislauf zu durchstoßen. Der Kreislauf ist schon durch die Verknüpfung des Schauplatzes Hohen-Cremmen in der Rahmenhandlung angedeutet. Die Kindheit hat die fast 30jährige Ehefrau wieder eingeholt. In diesem Kontext, und dies wäre herauszustellen, kann von Effi die Rationalisierung des Ehebruchs als Akt der Selbstbefreiung aus verordneter Ehe und Triebunterdrückung ebensowenig geleistet werden wie ein konsequentes Aufbegehren gegen die Sanktionsmechanismen des Duells, der Scheidung, des Kindesentzugs und der gesellschaftlichen Isolation.

Wichtig erscheint hier der Hinweis, daß die einzige gedankliche Rebellion Effis gegen den Tugendkanon der ständischen Gesellschaft („. . .was mich noch mehr ekelt, das ist eure Tugend" S. 280) einer Situation beginnenden Wahnsinns entspringt (Effi „verfiel in ein krampfhaftes Lachen". S. 280). Was sich am Ende dieses 33. Kapitels in Effis Psyche vollzieht, verdiente eine genauere Analyse psychosomatischer Zusammenhänge, die hier nur angedeutet werden können. Im Bild des kindlichen Dressurakts an der Tochter Annie, den Innstetten zu verantworten hat, erfährt Effi die Erniedrigung am schmerzlichsten. Dieser Dressurakt löst für wenige Augenblicke ausbruchartig Effis Schuldverkrampfungen und läßt ihr fast schon aufgegebenes Ich sprechen: Ich „habe mich immer klein neben ihm gefühlt; aber jetzt weiß ich, daß *er* es ist, er ist klein. Und weil er klein ist, ist er grausam. ... ich hass' euch ... was mich noch mehr ekelt, das ist eure Tugend. Weg mit euch" (S.280). Was dem Ausbruch von Aufbegehren und Erkenntnis folgt, ist die körperliche und seelische Erschöpfung Effis. Das 34. Kapitel leitet eine Krankheitsgeschichte ein („Auch die ersten Zeichen eines Nervenleidens waren da." S. 280), die mit der Selbstaufopferung Effis endet. Daß die Schuldverinnerlichung Effis und ihr Schuldfreispruch für Innstetten nur aus dem Kontext dieser Krankheitsgeschichte nachvollziehbar sind, muß den Schülern deutlich gemacht werden. Überhaupt stellt die Schlußszene Effis in ihrer Verknüpfung von Versöhnungs- und Opfergebaren eine Herausforderung für das kritische Schülerurteil dar. Zugleich zeigt dieser Schluß aber auch, daß Fontane die Psychosomatisierung gesellschaftlicher Unterdrückungsmechanismen und die Individualisierung von Schuld realistischer erschien als rationale Problemlösungen oder Analysen gesamtgesellschaftlicher Begründungszusammenhänge.

Phase 3

Die letzte Überlegung gilt denkbaren Schlußvarianten. Nachdem in Phase 2 die Fragwürdigkeit von Effis Schuldbekenntnis thematisiert wurde, wird ein letztesmal der Blick auf die Perspektiven gelenkt, die Fontane mit diesem Roman weist. In einer Gegenüberstellung der Schlußfolgerungen, die die Romanfiguren Effi, Innstetten, Luise und Vater Briest aus dem Handlungsgeschehen ziehen, wird nochmals die unterschiedliche Einsichtsfähigkeit deutlich. Während Innstettens Problematisierung von Werthaltungen in der Einsicht des alten Briest eine Entsprechung findet („soll ich hier bis an mein Lebensende den Großinquisitor spielen? ... ich hab es lange satt" und „die ‚Gesellschaft', wenn sie nur will, kann auch ein Auge zudrücken" S. 282), vermag neben Effi auch Luise Briest mit ihrer Individualisierung der Schuldfrage „ob sie nicht doch vielleicht zu jung war?" (S. 301) den Kausalzusammenhang von Gesellschaft und Ehe nicht zu durchbrechen. Daß es Rollo, dem Vierbeiner, vorbehalten bleibt, dieser Schuldfragenverengung Luise Briests zu widersprechen, ist eine Erzählerironie, hinter der sich das Urteil Fontanes zu einer so gestellten Schuldfrage verbirgt. Noch in der romanbeschließenden Formulierung Briests „... das ist ein *zu* weites Feld", die fälschlicherweise innerhalb des gesamten Romans meist nur als redensartliche Marotte gedeutet wird, steckt eine perspektivische Dimension. Diese Formulierung signalisiert nämlich die Notwendigkeit, die individuelle Ehetragödie in einen komplexeren gesellschaftlichen Zusammenhang zu stellen.

Sequenz 6: Literarische Verfilmungen

Sachanalyse

Daß angesichts hoher Produktionskosten Produzenten und Regisseure dazu neigen, ihr Filmprojekt durch Rückgriff auf eine literarisch anerkannte und bereits erfolgreiche Romanvorlage abzusichern, ist oft zu beobachten. So ist es sicherlich nicht verwunderlich, daß Fontanes „Effi Briest" als der bekannteste Roman seines

Die Verfilmungen

1. Der Schritt vom Wege
Deutschland 1939, 97 Minuten
Regie: Gustaf Gründgens
Darsteller: Marianne Hoppe (Effi), Karl Ludwig Diehl (Innstetten), Paul Hartmann (Crampas), Paul Bildt (Herr Briest), Käthe Haack (Frau Briest), Elisabeth Flickenschildt (Tripelli), Max Gülstorff (Gieshübler), Hans Leibelt (Wüllersdorf)

2. Rosen im Herbst
BRD 1955, 103 Minuten
Regie: Rudolf Jugert
Darsteller Ruth Leuwerik (Effi), Bernhardt Wicki (Innstetten) Carl Raddatz (Crampas), Paul Hartmann (Herr Briest), Lil Dagover (Frau Briest), Günther Lüders (Gieshübler)

3. Effi Briest
DDR 1968, 120 Minuten
Regie: Wolfgang Luderer
Darsteller: Angelika Domröse (Effi), Horst Schulze (Innstetten), Dietrich Körner (Crampas), Gerhard Bienert (Herr Briest), Inge Keller (Frau Briest), Walter Lendrich (Gieshübler), Marianne Wünscher (Tripelli), Lissy Tempelhof (Roswitha), A. P. Hoffmann (Wüllersdorf)

4. Fontane Effi Briest
BRD 1974, 140 Minuten
Regie: Rainer Werner Fassbinder
Darsteller: Hanna Schygulla (Effi), Wolfgang Schenk (Innstetten), Ulli Lommel (Crampas), Lilo Pempeit (Frau Briest), Herbert Steinmetz (Herr Briest), Ursula Strätz (Roswitha), Irm Hermann (Johanna), Karl-Heinz Böhm (Wüllersdorf), Hark Bohm (Gieshübler)

Autors bereits recht früh vom neuen Medium Film aufgenommen wird. Daß aber kein Roman der deutschsprachigen Literatur häufiger und in unterschiedlicheren Interpretationen verfilmt wurde – es gibt insgesamt vier filmische Adaptationen –, bietet Anlaß, kurz über die Gründe nachzudenken.
Sicherlich sind die Aspekte, die den Bekanntheitsgrad des Romans begründeten, wohl auch für seine Filmkarriere verantwortlich: Zunächst spielt der Roman in gesellschaftlichen Kreisen, in denen verfeinerte Wahrnehmung und reflektierte Verarbeitung von gesellschaftlichen wie persönlichen Konflikten üblich ist; in einer Schicht, in der die Individuen in verstärktem Maße Träger ihrer Gesellschaft sind und Verstöße gegen gesellschaftliche Konventionen verschärfte Sanktionen nach sich ziehen. Nun thematisiert der Roman solche Verstöße gerade zu einer Zeit, in der man über die Gewichtung der Verfehlung und über die Form ihrer Ahndung nicht mehr ganz einig ist, in der traditionelle Denk- und Verhaltensmuster frag-

würdig werden. Die vom Leser oder Filmzuschauer deutlich gespürte Diskrepanz zwischen dem Grad von Effis Verfehlung und der Höhe ihrer Bestrafung wird als tragisch erlebt. Leser wie Zuschauer können die Härte der Gesellschaft gegenüber einer nach Verwirklichung ihrer Bedürfnisse strebenden Frau durch Identifikation mit Effi oder Innstetten voll durchleben. Dazu trägt bei, daß die Schuldfrage in der Schwebe bleibt, der männliche Ehrbegriff fragwürdig wird, der Roman mithin weite Interpretationsspielräume für Regisseur wie Zuschauer bietet. Auf eher formaler Ebene ist schließlich zu berücksichtigen, daß die gradlinige, überschaubare Handlung, die sparsame, disziplinierte Erzählweise, der Einsatz von leicht in die Filmsprache übertragbaren literarischen Techniken und der hohe Anteil an Dialogpartien eine filmische Adaptation des Romans erleichtern.

Als erster hat Gustaf Gründgens 1939 Fontanes Roman unter dem Titel „Ein Schritt vom Wege" verfilmt. Mit der Wahl dieses Titels gibt Gründgens der Geschichte Effis eine Deutung, die nur einen Teilaspekt der literarischen Vorlage erfaßt. Effis Verstoß gegen die gesellschaftlichen Normen wird als ein persönlich motivierter, schicksalhafter Fehltritt gedeutet, der sich aus ihrer gesellschaftlichen Situation kaum erklären läßt. In lebendigen Bildern entwickelt Gründgens ein an Geselligkeiten reiches Leben in Kessin, eine großzügige häusliche Atmosphäre. Wo Innstetten, grundsätzlich aufmerksam und liebevoll, als ein „Mann im Dienst" gezeigt wird, kann er mit Recht von Effi Rücksichtnahme und Verständnis erwarten. Gesellschaft ist nicht in ihrer bedrohlichen Dimension erfahrbar, sie ist ein selbstverständlicher Lebensraum, aus dem Effi und Innstetten ihre Bestätigung erhalten.

Gründgens schweift zwar nicht allzu weit von der literarischen Vorlage ab, doch hebt er jene Szenen hervor, die dramatische Kontraste und theatralische Wirkung versprechen. Wo der Text Fontanes solche Effekte nicht bietet, werden Szenen hinzuerfunden oder zumindest Umstellungen vorgenommen: Effi lernt Major von Crampas als Pferdezüchter am Rande seiner Koppel kennen. Alle gesellschaftlichen Konventionen mißachtend, spricht er in forschem, anzüglichem Ton. Desto kontrastreicher und effektvoller ist es, wenn Crampas später, in korrekter Abendgarderobe, auf Gieshüblers Soirée der erleichterten Effi als adliger Major vorgestellt wird. Wirkungsvolle gesellschaftliche Auftritte werden voll ausgespielt. Ebenfalls der dramatischen Pointierung dient es, wenn Gründgens einzelne Rollen streicht und durch bereits bekannte Personen ersetzt: In Bad Ems ist nicht die Geheimrätin Zwicker, sondern die Tripelli Effis Vertraute, was Gründgens Anlaß zu frei erfundenen, effektvollen Textpassagen bietet. So kommentiert die Tripelli die Nachricht vom Duell mit dem Satz: „So viel Courage hätte ich euch allen dreien eigentlich gar nicht zugetraut."

Rudolf Jugerts Verfilmung „Rosen im Herbst" von 1955 zeigt, was man mit großer schauspielerischer Besetzung, unter Einsatz aller filmischer Mittel und bei weitestgehender Entfernung von der literarischen Vorlage aus Fontanes Roman machen kann. Das Ergebnis ist ein Spielfilm, der um der sentimentalen Effekte willen auch die letzten Rätsel des Fontaneschen Texts noch auflöst: Effi und Crampas werden in einer schicksalhaft-dramatischen Szene in ihrem Fischerhäuschen in den Dünen gezeigt, wobei der Prüderie der Zeit zu danken ist, daß die Kamera noch rechtzeitig ausblendet, ehe der Gipfel der Peinlichkeit erreicht ist. Zu weit entfernt sich der Film von den Vorgaben und dem Stil des Romans, als daß eine tiefergehende Analyse unter dem Aspekt der Literaturverfilmung lohnenswert wäre.

Wolfgang Luderer hat sich in seiner DEFA-Verfilmung „Effi Briest" von 1968 in einigen Aspekten an Gründgens' Vorbild orientiert. Dies läßt sich an der Gestaltung einzelner Sequenzen ebenso nachweisen wie in der Neigung, dramatisch wirkungsvolle Szenen um ihres Effektes willen zu bevorzugen. Luderer hält sich aber ungleich stärker an die situativen wie sprachlichen Vorgaben des Fontaneschen Texts. Dies kann, wie beispielsweise bei Crampas' erstem Besuch im Kessiner Haus, zu sehr detailgetreuen Szenen führen, wobei teilweise auch Fontanes Technik der Vorausdeutung übernommen wird. Wo Luderer zugunsten effektvoller Dramaturgie von seiner Vorlage abweicht, versucht er durch Montage unterschiedlicher Textpartien im Stil Fontanes zu bleiben. So setzt er mit viel dramaturgischem Aufwand die bei Fontane ausgesparte Hochzeit Effis in Szene, wobei die Eltern Briest am Rande der Tanzfläche das rückblickende Gespräch des folgenden Morgens führen.
In seiner Darstellung der Gesellschaft unterscheidet sich Luderer aber grundsätzlich von Gründgens' Adaptation: Gesellschaft fungiert hier nicht als prunkvoller Hintergrund, vor dem Effi und Innstetten unbeschwert agieren, sie wird als überlebt und das Individuum einschränkend interpretiert. Dies zeigt sich in besonders krasser Form bei der Darstellung des pommerschen Landadels, die in Luderers Film breiten Raum einnimmt: Die Adligen sind in satirischer Überspitzung als militaristische Patrioten gezeichnet, ungehobelt in ihrem Benehmen, rückwärtsgewandt und monologisierend in ihren Gesprächen. Innstetten wahrt ihnen gegenüber zwar die Form, verhält sich aber distanziert, wohingegen Effi alle Anzeichen der Langeweile und des Überdrusses erkennen läßt. Wolff hat diese negative Überzeichnung des Preußentums als ein Merkmal des sozialistischen Realismus gedeutet (Wolff, S. 57ff.), es ließe sich Luderers Interpretation aber auch mit Briefstellen Fontanes stützen, in denen er in äußerst scharfer Form den früher „vielgeliebten Adel" karikiert (vgl. Editionen, S. 350). Diese negative Zeichnung der preußischen Gesellschaft bleibt aber gerade aufgrund des Episodencharakters und der satirischen Überzeichnung weitgehend isoliert. Nur erschließen läßt sich, daß auch Innstettens Förmlichkeit, seine Emotionslosigkeit, sein ängstliches Achten auf gesellschaftliche Konventionen Auswirkungen gesellschaftlicher Zwänge sind.
Stärker noch als Gründgens' „Schritt vom Wege" übt Luderers Verfilmung eine suggestive Wirkung auf den Zuschauer aus. Durch die auffallende Dominanz von Nah- und Großaufnahmen in den meisten Gesprächssituationen konzentriert sich die Aufmerksamkeit des Zuschauers auf die Mimik der Personen, ablenkende Raumeindrücke werden reduziert. Auch hält Luderer an der schon von Gündgens eingesetzten Technik fest, die Gefühlswelt des Zuschauers durch die untermalende Musik zu steuern. Gefühlsregungen Effis wie Erschrecken und Angst oder bevorstehendes Unheil werden, noch ehe ein äußeres Zeichen erkennbar ist, durch leicht deutbare musikalische Signale angekündigt. Da die einzelnen Szenen meist durch unmerkliche Schnitte verbunden sind, hat der Zuschauer kaum eine Chance, reflexive Distanz zu gewinnen.

Rainer Werner Fassbinder geht es in seinem 1974 erschienenen Film „Fontane Effi Briest" um mehr als nur eine getreue Verfilmung einer literarischen Vorlage. Darauf verweist bereits der ausführliche Titel: „Fontane Effi Briest oder Viele, die eine Ahnung haben von ihren Möglichkeiten und ihren Bedürfnissen und dennoch das herrschende System in ihrem Kopf akzeptieren durch ihre Taten und es somit festigen und durchaus bestätigen." Die literarische Vorlage, so deutet der Titel an, dient als konkretes Beispiel, an dem die Unterdrückungsmechanismen der Gesellschaft, aber auch die Anpassungsbereitschaft des Individuums transparent gemacht werden sollen. Noch in einem weiteren Aspekt entfernt sich Fassbinder von traditonellen Mustern der Literaturverfilmung: „Es ist kein Film, der eine Geschichte erzählt", so beschreibt er seine Verfilmung in einem Interview, „sondern es ist ein Film, der eine Haltung nachvollzieht. Es ist die Haltung von einem, der die Fehler und Schwächen seiner Gesellschaft durchschaut und sie auch kritisiert, aber dennoch diese Gesellschaft als die für ihn gültige anerkennt." (Fassbinder. S. 54) Der Film thematisiert also gleichzeitig die Haltung Fontanes gegenüber seiner Zeit und seiner Gesellschaft, aber auch die Haltung Fassbinders selbst, der seine innere Affinität zu Fontane sehr klar zum Ausdruck gebracht hat (vgl. Wolff, S. 70). Aus diesen Produktionsbedingungen entstand ein in jeder Hinsicht außergewöhnlicher Film: Statt einer mit filmischen Mitteln erzählten Geschichte schuf Fassbinder die Dokumentation eines persönlichen Leseprozesses, der sich in jeder Phase des Films zu erkennen gibt. So beginnt der Film mit einer Sicht auf die Vorderfront des Hohen-Cremmener Herrensitzes, während ein Off-Sprecher, Fassbinder selbst, in betont undynamischem, privatem Stil den Anfang des Romans verliest. Dieser Off-Sprecher schaltet sich immer wieder ein, zeitraffend, kommentierend, Übergänge schaffend, so daß der Eindruck, hier werde ein literarischer Text gelesen, nicht verwischen kann. Dieser Eindruck wird auch durch die regelmäßig eingeblendeten Zwischentexte verstärkt, durch die einzelne Handlungsaspekte herausgehoben und interpretatorische Akzente gesetzt werden.

Da Fassbinder an den dargestellten Vorgängen das gesellschaftlich Exemplarische herausarbeiten will, verzichtet er konsequent auf alle Merkmale eines genau festlegbaren Zeitbezugs. Auch agieren die Personen nicht vor dem Hintergrund einer in ihren rigiden Normen überlebten Gesellschaft, sie erweisen sich so sehr als Teile dieser Gesellschaft, daß auf Gesellschaftszeichnungen im Stile Gründgens' oder Luderers verzichtet werden kann. Mit jedem Detail wird verdeutlicht, wie fremd sich die Personen sind, wie sie in Konventionen erstarrt, in ihren Gefühlen erkaltet sind. Selten sehen sich die Personen an, während sie reden, meist schauen sie aneinander vorbei ins Leere. Halbnahe oder halbtotale Einstellungen werden bevorzugt, die Objekte sind so arrangiert, daß sie sich bei Bewegungen der Kamera zwischen die Akteure schieben. Oft werden die Personen über Spiegel erfaßt und gebrochen, eine Technik, die die Figuren „noch etwas fremder und ferner" (Fassbinder, S. 56) macht, als sie es ohnehin schon sind. Den Anzeichen menschlicher Entfremdung wie dem Sprechen ohne Verständigung, dem Handeln ohne Gefühle entsprechen auf der Ebene der filmischen Gestaltung unterschiedliche Techniken: Der Blick der Kamera wird versperrt durch Objekte wie Statuen, Blumen, Türrahmen, Schleier, die redende Person rückt in die Unschärfe oder ist nicht im Bild, Erzählerton und Bild sind inkongruent, der Off-Erzähler spricht über den Filmdialog hinweg. Schließlich schaffen die grellen Weißblenden zwischen den Szenen eine Atmosphäre der Kühle und Distanz, die einer Einfühlung des Zuschauers in die Welt des Films entgegenwirkt.

Schwerpunktsetzungen – Intentionen – Ziele

Eine kritische Auseinandersetzung mit den unterschiedlichen filmischen Adaptationen des Fontaneschen Romans soll im Rahmen dieser eher textorientierten Unterrichtsreihe exemplarisch und ohne aufwendige filmtechnische Begrifflichkeit erfolgen. Denn es kann nicht erwartet werden, daß die Schüler nach einer so eingehenden Auseinandersetzung mit Fontanes Text noch bereit sind, sich auf eine intensivere filmanalytische Arbeit im Bereich der „Effi Briest"-Thematik einzulassen. Doch sollte die vorgeschlagene Reduktion nicht als ein Verzicht, sondern eher als eine Chance verstanden werden: Durch die auf eine Doppelstunde begrenzte, gezielte Untersuchung einzelner Filmszenen können exemplarisch Einsichten in die Möglichkeiten und Grenzen filmischer Adaptationen geschaffen und Anregungen für spätere systematischere filmanalytische Arbeit gegeben werden.
Thematisch konzentriert sich die geplante Doppelstunde auf die filmische Umsetzung des Chinesenmotivs und damit zusammenhängend auf Effis Angstsyndrom in Kessin, da gerade an der Gestaltung dieses Motivs die Fontane-Rezeption des jeweiligen Regisseurs besonders deutlich wird. Wird die gesellschaftliche Dimension von Effis Ängsten übersehen oder bewußt ausgeblendet, weil damit eine zu weitreichende, unbequeme Problematisierung gesellschaftlicher Lebensformen verbunden wäre, läßt sich Effis Angst als die nur zu verständliche Furchtsamkeit einer jungen Frau in einer ihr noch fremden Umgebung interpretieren. Legt man umgekehrt den Akzent auf die bedrückende, einengende Wirkung gesellschaftlicher Konventionen und zeigt die Romanfiguren als dieser Gesellschaft ausgeliefert, so wird Effis Angst aus der Beziehung zum dominanten Innstetten mit seinem Fürsten im Hintergrund zu deuten sein. Zwischen beiden Extremen bleibt noch genügend Raum für dramatisch effektvolle, aber unverbindliche Spielereien mit Chinesenstatuen, verlassenen Räumen und vom Sturm geblähten, schleifenden Gardinen.
Da die unter dem thematischen Gesichtspunkt des Chinesenmotivs ausgewählten Filmsequenzen zwar lang, aber doch noch überschaubar sind, bietet sich als methodisches Verfahren der Vergleich zweier Filmauszüge an. Durch die Kontrastierung zweier grundsätzlich verschiedener filmischer Adaptationen soll den Schülern deutlich werden, daß Literaturverfilmungen immer Interpretationen ihres Ausgangstextes sind. Gerade am Beispiel des Chinesenmotivs läßt sich sehr eindrucksvoll zeigen, welche Probleme sich bei der Verbildlichung eines literarischen Motivs ergeben, das auf tiefliegende psychologische Zusammenhänge und auf ein eher abstraktes gesellschaftliches Prinzip verweist.

18./19. Stunde: Literarische Verfilmungen – Das Chinesenmotiv

Für den in dieser Doppelstunde vorgesehenen Vergleich zweier Verfilmungen sollten in Form von Videobändern folgende Ausschnitte zur Verfügung stehen:
- *Gründgens*: Ankunft vor dem Kessiner Haus – Gespräch Effi-Innstetten nach Rückkehr aus Varzin (13 Minuten)
  oder:
- *Luderer*: Ankunft vor dem Kessiner Haus – Gespräch Effi-Innstetten nach Rückkehr aus Varzin (26 Minuten)
  und:
- *Fassbinder*: Ankunft am Bahnhof von

Klein-Tantow – Rückkehr Innstettens von Varzin, vor Einsatz des Erzählers (17 Minuten).

Da Fassbinders Adaptation filmästhetisch am interessantesten ist und auch die Tiefendimensionen des Fontaneschen Texts erfaßt, sollte auf diese Verfilmung keinesfalls verzichtet werden. Als Kontrast zu Fassbinders Konzeption kann sowohl die Verfilmung von Gründgens als auch die Luderers herangezogen werden. Die Wahl bleibt dem Lehrer und den Schülern überlassen, wenn die Möglichkeiten der Bandbeschaffung überhaupt eine Entscheidung offenlassen. Wenngleich im Rahmen der Unterrichtplanung aus Gründen der Zeitökonomie und der Überschaubarkeit nur der Vergleich von zwei Filmausschnitten geplant ist, berücksichtigen die folgenden inhaltlichen Ausführungen immer sowohl Luderers als auch Gründgens' Verfilmung.

Dem weitgehend ungebrochenen, positiven Gesellschaftsbild entsprechend, werden in Gründgens' Verfilmung das Chinesenmotiv und Effis Ängste in ihrem Bedeutungsgehalt drastisch reduziert.

Gründgens zeigt den Chinesen in der Gestalt einer zufällig im Entrée des Kessiner Hauses befindlichen Buddhastatue (vgl. auch die tabellarische Übersicht). Deren unheimliches, weil fremdländisches Aussehen sowie die offen zur Schau getragene Dickleibigkeit und Sinnenfreude erschrecken Effi ebenso wie ein in aggressiver Haltung seine Zähne fletschender Wolf. Innstetten übergeht Effis Erschrekken mit einem beschwichtigenden Wortspiel. Wenn sich in der Einsamkeit des Kessiner Hauses, durch bedrohliche Naturerscheinungen unterstützt, alle furchterregenden Objekte ihrer neuen Umgebung zu plötzlichen Angstträumen verdichten, so läßt sich dies sehr leicht als die anfängliche Angst einer noch jungen Frau vor Alleinsein und Verantwortung deuten. Mit Innstettens Rückkehr aus Varzin sind dementsprechend alle Ängste verschwunden, und der Chinese taucht nicht mehr auf. Dadurch daß die Chinesenfigur mit der Geschichte Kessins nicht verbunden wird, im Gespräch zwischen Effi und Innstetten unerwähnt bleibt und auch später zwischen Effi und Crampas nicht zur Sprache kommt, ist sie isoliert und ohne weiterreichende Verweiskraft. Gründgens benutzt sie zur Inszenierung dramatisch wirkungsvoller Szenen. Lediglich an einer Stelle des Films legt die musikalische Untermalung nahe, daß zwischen Effis neuer gesellschaftlicher Position und ihrer Furcht vor den bedrohlichen Objekten des Hauses Bezüge bestehen könnten: In dem Augenblick, wo Effi am Strand das Verbotsschild erblickt, nimmt die Musik abrupt ein Motiv auf, das auch anderen bedrohlichen Situationen, auch der Chinesenfurcht, unterlegt ist. Dieser Deutungsansatz wird allerdings nicht weiter verfolgt.

Luderers Verfilmung, die den Anspruch einer realistischen, detailgetreuen Adaptation erheben kann, arbeitet das Chinesenmotiv ungleich gründlicher heraus. Auffallend ist aber zunächst Luderers Unentschlossenheit in der Präsentation des Chinesen: Auf der einen Seite lehnt er sich an die Vorbilder von Gründgens und auch Jugert an und zeigt den Chinesen als Buddhastatue im Entrée des Hauses, auf der anderen Seite übernimmt er Fontanes Vorlage recht getreu und bringt ein Chinesenbild auf der Lehne eines Binsenstuhls in Großaufnahme. Während die hedonistischen Aspekte des Chinesenmotivs eher in der Beleibtheit des in sich ruhenden, vergoldeten Buddhas Ausdruck finden, liegt die offene Bedrohung eher in dem wilden Gestus des Papierchinesen. Luderer bleibt ansonsten sehr eng an der literarischen Vorlage und übernimmt die wichtigen Elemente der Gespräche zwischen Effi und Innstetten beziehungsweise Johanna, so daß der Chinese in ähnlicher Weise gegenwärtig ist wie bei Fontane. Doch wird der Chinese gerade aufgrund seiner materiellen Anwesenheit als Statue und Bild und aufgrund des filmtechnischen Umgangs mit ihm in seiner Vielschichtigkeit verengt. Indem Luderer in Effis Träumen die bedrohlichen Objekte ihrer neuen Umwelt in einen Kontrast zur unbeschwerten Welt Hohen-Cremmens setzt, macht er zwar deutlich, daß Effi das Kessiner Haus auch als Bedrohung empfindet, doch verhindert die bildliche Konkretisierung des Chinesen seine weitergehende Deutung in einem gesellschaftlichen Kontext. Nicht so sehr die Zwänge ihrer neuen gesellschaftlichen Rolle bedrohen Effi, sondern eine Chinesenstatue und ein Papierbild, deren Harmlosigkeit der Zuschauer des Films durchschaut und belächeln kann. Andererseits zeigt Luderer in sehr langen, detailgetreuen Szenen, wie trostlos Eheabende in Kessin aussehen, wie wenig es dem immer beherrschten, immer förmlichen Innstetten gelingt, auf die Bedürfnisse seiner jungen Frau einzugehen. Doch manifestiert sich Effis Enttäuschung in gestisch und mimisch ausgedrückter Langeweile, nicht in latenter Angstbereitschaft. Durch die Verbildlichung des Chinesen fallen in Luderers Verfilmung durch unergiebige gesellschaftliche Kontakte und monotonen Ehealltag entstandene Langeweile und eine nur schwer nachvollziehbare Angst vor Chinesenstatue und Chinesenbild weitgehend beziehungslos auseinander.

Fassbinder setzt sich in seiner Behandlung des Chinesenmotivs radikal von allen vorangehenden Regisseuren ab, indem er den Chinesen bildlich nicht mehr darstellt, ideell aber dauernd gegenwärtig sein läßt. Innstetten ist es, der Effis harmlos dahingesagtes Wort „vielleicht sogar einen Chinesen" aufgreift und ihr die Chinesengeschichte erzählt. Mit dem filmischen Mittel des Überfahrens der Kamera, eines durchaus symbolisch zu deutenden Vorgangs, wird zuvor verbildlicht, welche dominante Rolle dieser Chinese im künftigen Kessiner Leben einnehmen wird. Wenn Effi Johanna gegenüber von ihrer nächtlichen Ängstigung berichtet, bleibt der Chinese als ein Geschöpf Innstettens bedrohlich vorhanden. Die Tonlosigkeit und Starre, mit der Johanna darauf verweist, daß alle Mitbewohner des Hauses solche Ängste gehabt hätten, daß man sich daran gewöhne, machen deutlich, welche psychischen Deformationen ein solcher Gewöhnungsprozeß an die Welt Innstettens nach sich zieht. Gerade dadurch, daß Fassbinder auf alle dramatischen Chineseneffekte verzichtet, kann er den Chinesen als ein gesellschaftliches Prinzip deuten. Gerade in jener Szene, in der Effi im Gespräch mit Innstetten das Kürzen der Gardinen oben im Saal vorschlägt, zeigt Fassbinder durch Gestik und Bewegung der Figuren, welche Entfernung sich zwischen Menschen entwickeln kann, die sich der ursprünglichen Intention ihrer Beziehung entsprechend eigentlich nahe sein sollten. Konsequenter als seine Vorgänger interpretiert Fassbinder den Chinesenspuk als Symbol für gesellschaftliche Unterdrückungsmechanismen, als ein Angstmittel, das die Gesellschaft zur Disziplinierung des Individuums bereithält. Daß Fassbinder die im Roman angelegte Gesellschaftskritik mit seinen filmischen Mitteln verschärft hat, war ihm durchaus bewußt: „Ich hab den Unterdrückungsmechanismus", so erläutert er seine Interpretation in einem Interview, „der im Buch viel schwächer angedeutet wird – die ganze Sache mit dem Chinesen und wie Effis Mann seine Terrormittel einsetzt, das ist im Buch viel mehr eingebettet in eine runde Erzählung –, etwas deutlicher versucht rauszukriegen. Das ist natürlich schon ein entscheidender Eingriff, denn dadurch wird die Kritik, die Fontane übt, im Film stärker als im Buch" (Fassbinder, S. 54).

Phase 1

Vor der Konfrontation mit den einzelnen Filmausschnitten sollen die Schüler zunächst dazu angehalten werden, Möglichkeiten der Verfilmung des Chinesenmotivs zu entwickeln und im Unterrichtsgespräch auf ihre Folgen für den Aussagegehalt des Motivs zu prüfen. Bewußt wird in der Formulierung des einleitenden Impulses auf die filmische Darstellung des Chinesen als „Angstapparat aus Kalkül" abgehoben, da durch diesen plakativen Zusatz am wirkungsvollsten auf die disziplinierende gesellschaftliche Funktion des Chinesen verwiesen werden kann. Bei der Entwicklung eigener Lösungen werden die Schüler recht bald auf das Problem stoßen, daß ein Chinese zwar filmisch leicht umsetzbar, seine symbolische Funktion aber nur äußerst schwer zu vermitteln ist. Damit befinden sich die Schüler in einem Dilemma, aus dem sich auch die Regisseure heraushelfen mußten: Kann man einen eigentlich abstrakten Zusammenhang sinnlich erlebbar machen? Ist nicht jede Verbildlichung des Chinesen bereits eine Bedeutungsverengung? Diese Fragen können allerdings noch nicht ausdiskutiert werden. Vorrangiges Ziel dieser Phase ist es, das vorhandene Wissen der Schüler zu reaktivieren und für die Beobachtung der Filmausschnitte ein erstes, die Aufmerksamkeit der Schüler steuerndes Problembewußtsein zu schaffen.

Phase 2

Durch den in dieser Phase eingesetzten Beobachtungsbogen (vgl. S. 108f.) wird die Aufmerksamkeit der Schüler auf jene drei Szenen gelenkt, in denen auch in Fontanes Roman das Chinesenmotiv besondere Bedeutung erhält und mit Effis Ängsten verknüpft wird: Auf die Ankunftsszene in Kessin und die Einführung des Chinesen, auf die Ereignisse und Gespräche am Morgen nach der Ankunft und auf Effis Spukvorstellungen und Ängste bei Innstettens erstem Besuch in Varzin. Für den Einsatz eines solchen Beobachtungsbogens sprechen mehrere Gründe: Unter unterrichtstechnischem Aspekt ergibt sich die Schwierigkeit, daß die eingesetzten Filmausschnitte für eine genauere Analyse eigentlich zu lang sind, da beispielsweise in der Verfilmung von Luderer der Eheallltag in Kessin und die Antrittsbesuche beim pommerschen Landadel breiten Raum einnehmen. Nur jene Szenen herauszugreifen, die für die unmittelbare Fragestellung von besonderem Interesse sind, bedürfte andererseits aufwendiger Vorbereitungen. Der Beobachtungsbogen soll dazu beitragen, der sich nach etwa zehn Minuten fast zwangsläufig einstellenden rezeptiven Haltung des Filmzuschauers entgegenzuwirken und bei den wichtigen Szenen die für eine bewußtere Betrachtung notwendige Distanz zu schaffen. Schließlich soll der Bogen die Schüler auch dazu anhalten, in ihren Beobachtungen zunächst auf der Ebene der Beschreibung zu bleiben, auf Zusammenhänge der filmischen Gestaltung zu achten und Bewertungen in dieser Sammelphase zurückzuhalten.

Phase 3

Da die Schüler nach jedem Filmausschnitt ihre Beobachtungen in einer kurzen Stillarbeitsphase bereits niedergeschrieben haben, erfolgt nun ein Sammeln, Systematisieren und Auswerten des Gesehenen. Der Erfolg dieser Phase ist zunächst einmal davon abhängig, inwieweit es dem

Beobachtungsbogen: Der Chinese und Effis Ängste

Situationen	Filmische Darstellung		
	Gründgens	**Luderer**	**Fassbinder**
Einführungsszene	Nach der Ankunft in Kessin erblickt Effi in der Eingangshalle einen zähnefletschenden Wolf und eine Chinesenstatue mit nickendem Kopf und wippenden Händen. Innstetten schreibt sie in einer kurzen Bemerkung seinem Vorgänger zu. Auf Effis Bemerkung: „Eigentlich unheimlich“ antwortet Innstetten: „Es wird bald wieder heimlich werden.“	Ähnlich wie bei Gründgens fällt Effis Blick im Flur des neuen Hauses zunächst auf ein Krokodil, einen Haifisch, dann auf eine vergoldete Chinesenstatue. Die Bedrohlichkeit der Szene wird durch Musikuntermalung unterstützt. Als Reaktion auf Effis Befremden erzählt Innstetten die Geschichte des Chinafahrers Kapitän Thomsen.	Der Chinese wird, wie in Fontanes Roman, auf der Kutschenfahrt von Klein-Tantow nach Kessin von Innstetten eingeführt. In einer Gesprächspause wechselt die Einstellung, und die Kutsche fährt über die Kamera hinweg. Die Ankunft im Kessiner Haus wird nicht gezeigt, der Chinese ist nur im Gespräch vorhanden.
Erster Morgen in Kessin	Nach dem Antrittsbesuch Gieshüblers fürchtet sich Effi im einsamen Haus, was durch Musikuntermalung ausgedrückt wird. Effi verläßt das Haus und eilt bei aufbrausender Musik zum Meer. Dort sieht sie ein Schild „Das Betreten des Strandes ist an dieser Stelle verboten. Der Landrat des Kreises Kessin.“	Effi berichtet Johanna über ihre nächtliche Ängstigung. Johanna zeigt ihr, der Fontaneschen Vorlage entsprechend, den oberen Raum und das auf einen Binsenstuhl geklebte Chinesenbild. Nach Gieshüblers Besuch setzt sich Effi ins Entrée, ihr Gesicht verschwimmt in Großaufnahme, farblich verfremdet und ver-	Nach einer Weißblende berichtet Effi der reglos am Spiegel stehenden Johanna von ihrer nächtlichen Ängstigung. Johanna antwortet in kühlem Ton: „Wir haben uns daran gewöhnt.“ Bei dem aus Fontanes Text wörtlich übernommenen Gespräch über die Gardinen im oberen Saal steht Effi auf, dreht Innstetten

		schwommen werden Szenen aus Hohen-Cremmen eingeblendet, bis Effi aus ihrem Traum von Innstetten geweckt wird.	den Rücken zu, schreitet der Kamera entgegen und setzt sich an ihren Flügel. Innstetten, anstatt auf Effis Vorschläge einzugehen, erhebt sich schweigend, geht, ohne Effi anzuschauen, am Flügel vorbei und verschwindet in einer Weißblende.
Erster Besuch Innstettens in Varzin	Nach der Ankündigung, Innstetten sei nach Varzin gefahren und es werde spät, erscheinen der Wolf und der Chinese im Bild. In schnell wechselnden Einstellungen wird die Brandung bedrohlich, ein Unwetter kündigt sich an, die Gardinen im oberen Raum fliegen im Wind, Effi liegt auf dem Kanapee und sieht im Traum den Wolf, den Chinesen, bis Rollo anschlägt und Innstetten von Varzin zurückkommt. Effi umarmt ihren Mann und fordert: „Du darfst mich nicht wieder alleinlassen.“	Nach der Darstellung eines typischen Eheabends in Kessin fährt die Kamera auf Effi zu. Effis Gesicht verschwimmt in Großaufnahme, und es erscheinen farblich verfremdet Bilder vom Hochzeitsball. Effi spricht noch einmal den Satz: „Was ich nicht ausstehen kann, ist Langeweile“, das Krokodil, die Chinesenstatue, die schleifenden Vorhänge oben im Saal, das aufgeklebte Chinesenbild tauchen auf, während die unterschiedlichen Leitmelodien sich mischen. Effi wacht auf und läutet nach Johanna.	Nach dem Einsatz der Leitmelodie folgt als Zwischentitel „Dann kam die erste Trennung fast auf zwölf Stunden.“ Effi tritt in die Küche und sieht die reglose Johanna und Frau Kruse. Effi schreibt einen Brief, den sie durch Johanna einwerfen läßt. Johanna und die Paaschen unterhalten sich über die Beziehung zwischen Effi und Innstetten und über Innstettens Karriereaussichten. Dann wird Effi hinter einem Schleier in ihrem Bett gezeigt, sie spricht den Satz: „Ich habe solche Angst.“ Johanna antwortet: „Ach, das gibt sich, gnäd'ge Frau, die hatten wir alle.“ In der nächsten Szene kommt Innstetten aus Varzin zurück.

Lehrer gelingt, die unmittelbaren emotionalen Reaktionen der Schüler durch Rückbezug auf die Ausgangsfrage in gezielte, auswertbare Beobachtungen umzulenken. Wie bisherige Unterrichtserfahrungen mit den unterschiedlichen Verfilmungen zeigten, bewegten sich die ersten Reaktionen der Schüler auf der Ebene ganz subjektiver Geschmacksurteile. Sie betrafen Fragen der Rollenbesetzung, der Spielweise und der Ausstattung, wobei sich eine ungewöhnlich große emotionale Betroffenheit der Schüler erkennen ließ. Gründgens' und Luderers Verfilmungen wirkten aufgrund des deutlich als fremd empfundenen Zeitstils in manchen Szenen belustigend, wohingegen Fassbinders Verfilmung aufgrund ihres ungewöhnlich langsamen Spieltempos und der emotionslosen Spielweise der Schauspieler als langatmig und quälend empfunden wurde. Solche subjektiven Reaktionen der Schüler sollten zur Sprache kommen, doch dürfen sie nicht zu viel Raum einnehmen: Wenn die Schüler bisher noch wenig Erfahrung im analytischen Umgang mit Literaturverfilmungen haben, und dies wird die Regel sein, finden sie nur schwer vom engagierten Austausch subjektiver Eindrücke zu einer klaren Fragestellung zurück. Hier steuernd einzugreifen, ist Aufgabe des Lehrers.

Bei der Verbalisierung ihrer Beobachtungen wird es den Schülern erfahrungsgemäß leichter fallen, inhaltliche Zusammenhänge zu beschreiben, als filmtechnische Mittel begrifflich zu benennen. Der Anspruch dieser Doppelstunde muß aber noch einmal klar formuliert werden: Es soll anhand der vorgespielten Filmauszüge erarbeitet werden, in welcher Weise die unterschiedlichen Regisseure ein für die Deutung des Romangeschehens wichtiges Motiv dargestellt haben. Um dieses begrenzte Ziel zu erreichen, können filmtechnische Mittel, wo die entsprechenden Fachausdrücke nicht ohnehin bekannt sind, mit Hilfe literaturwissenschaftlicher Begriffe oder alltagssprachlich beschrieben werden. Es lassen sich aber speziellere Begriffe der Einstellungsgröße (Groß-, Nahaufnahme, Halbtotale), der Montage (Schnitt, Blende), der Wort-Bild-Verbindung (Off-Ton, On-Ton) auch von einem entsprechend vorbereiteten Schüler in der jeweiligen Unterrichtssituation kurz einführen, wenn dieses Bedürfnis seitens der Schüler besteht (Informationsquellen im Literaturverzeichnis). Es sollte dann aber unbedingt der Eindruck vermieden werden, man könne über einen Film nur dann fundierte Aussagen machen, wenn man über technisches Fachvokabular verfüge.

Phase 4

Was in dem als Orientierungshilfe abgedruckten Beobachtungsbogen ausgeführt ist, könnte in reduzierter, stichwortartiger Form auch das Ergebnis der dritten Phase sein. Aufgrund dieser Bestandsaufnahme, wie flüchtig und fragmentarisch sie auch sei, läßt sich nun fragen, in welcher Weise die Regisseure die Vorgaben des Fontaneschen Textes interpretiert, wo sie Akzente gesetzt, wo sie Reduktionen vorgenommen haben. Als Ergebnis wären etwa folgende Einschätzungen denkbar: Gründgens verbildlicht den Chinesen und reduziert seine Bedeutung auf die eines vorübergehend furchterregenden Objekts. Effis Ängste werden auf die anfängliche Furcht eines jungen Mädchens vor dem Alleinsein verengt. Bezüge zu Innstetten und der gesellschaftlichen Situation in Kessin sind kaum erkennbar. Luderer verbildlicht den Chinesen in zweifacher Weise, reduziert ihn damit aber auch zu einem unheimlichen Objekt unter anderen. In bezug auf Innstetten und die Gesellschaft tritt eher die Langeweile an die Stelle der Angst. Fassbinder verzichtet

auf eine Verbildlichung des Chinesen, deutet den Chinesen aber als ein Unterdrückungsinstrument Innstettens und der Gesellschaft. Die dadurch entstehende Angst Effis wird im Umgang der Personen miteinander und durch filmtechnische Mittel zum Ausdruck gebracht.
Würde am Ende dieser Doppelstunde der Wunsch der Schüler laut, Fassbinders Verfilmung noch einmal zusammenhängend und ohne anschließende Analyse zu sehen, wäre das der beste Beweis für den erfolgreichen Verlauf dieser Doppelstunde. In diesem Falle sollte, ehe Lehrer wie Schüler sich diesem Zeit, Ruhe und Konzentration erfordernden Unternehmen widmen, Fassbinders filmisches Grundkonzept eingehender erläutert werden.

Klausurvorschläge

(1) Romanausschnitt S. 246, Z. 31 – S. 248, Z. 10 (Kupee-Monolog)
- Charakterisieren Sie, ausgehend von diesem Textauszug, die Figur Innstetten. Was erkennt er, und welche Schlußfolgerungen zieht er daraus?
- Setzen Sie diesen Textauszug in Beziehung zu anderen zentralen Aussagen von und über Innstetten, und zeigen Sie auf, wodurch Innstettens Verhalten beeinflußt wird.

(2) Fontanes Brief an Klara Kühnast, Okt. 1895 (Editionen, S. 346)
Formulieren und begründen Sie, ausgehend von den hier enthaltenen Einschätzungen der Figur Innstetten, ihr eigenes Urteil über diese Romanfigur.

(3) Romanausschnitt S. 279, Z. 25 – S. 280, Z. 26
- Ordnen sie den vorliegenden Textauszug in den Kontext des Romans ein. Was geht ihm unmittelbar voraus, was folgt ihm?
- Interpretieren Sie diese Textstelle aus der Perspektive des Romanschlusses.

(4) „...ob sie nicht doch vielleicht zu jung war?"
- Beurteilen Sie diese von Luise Briest am Romanende gemachte Überlegung unter dem Aspekt der Schuldfrage.

(5) Karikatur J. B. Engl: Das hohe Roß (Editionen, S. 328)
- Beschreiben Sie diese Zeichnung aus dem Jahre 1896
- Welche Bezüge lassen sich zwischen dieser Karikatur und Fontanes „Effi Briest" herstellen?

(6) „Wo Schuld von Personen des Romans übernommen wird, wird der Erzähler davon dispensiert, Schuldurteile auszusprechen. Dies unter allen Umständen zu vermeiden, ist Fontanes erklärte Absicht; und mehr noch ist es die Struktur des Romans, die so beschaffen ist, daß alle eindeutig richterlichen Schuldurteile unterbleiben, weil die Bedingtheit der Verhältnisse erkannt wird, die Nachsicht erforderlich macht."
(Müller-Seidel, S. 376)
- Konkretisieren Sie diese Äußerung Müller-Seidels am Romantext.
- Was verstehen Sie unter „Struktur des Romans", und inwieweit verhindert diese eindeutige Schuldurteile?

Literaturverzeichnis

1. Werkausgaben

Theodor Fontane: Effi Briest. Mit Materialien. Ausgewählt und eingeleitet von H.-P. Reisner und R. Siegle (Editionen für den Literaturunterricht). Stuttgart 1984 (Den Stundenblättern als Textausgabe zugrunde gelegt)

Theodor Fontane: Effi Briest. Werke, Schriften und Briefe, hrsg. von Walter Keitel und Helmut Nürnberger, Bd. 4, München 1963

Theodor Fontane: L'Adultera. Werke, Schriften und Briefe Bd. 2

Theodor Fontane: Der Zug nach dem Westen. Werke, Schriften und Briefe, Abt. III, Bd. 1, S. 568f.

Theodor Fontane: Briefe in 2 Bänden. Ausgewählt und erläutert von G. Erler, 1. Aufl. Berlin/Weimar 1968

Theodor Fontane: Briefe. Werke, Schriften und Briefe, Abt. IV, Bd. 1–4, München 1976–1982

Gustave Flaubert: Madame Bovary. Übers. von René Schickele. 2. Aufl. Zürich 1980

Lew Tolstoi: Anna Karenina. Gesammelte Werke Bd. 6. Hrsg. von E. Dieckmann und G. Dudek. Berlin (Ost) 1966

2. Überblick über Fontanes Romane

Richard Brinkmann: Theodor Fontane. Über die Verbindlichkeit des Unverbindlichen. München 1967

Carin Liesenhoff: Fontane und das literarische Leben seiner Zeit. Bonn 1976 (Lesenswerte literatursoziologische Analyse)

Walter Müller-Seidel: Theodor Fontane. Soziale Romankunst in Deutschland. 2., durchgesehene Auflage Stuttgart 1980 (Sehr informative und aspektreiche Einführung in Fontanes Romanwerk)

H. W. Seiffert: Theodor Fontanes Werk in unserer Zeit. Potsdam 1966

3. Einzeluntersuchungen

Peter Demetz: Formen des Realismus: Theodor Fontane. Kritische Untersuchungen. München 1964

M. C. Devine: Erzähldistanz in Fontanes „Effi Briest". In: Formen realistischer Erzählkunst. Festschrift Ch. Jolles, S. 544–549

Joachim Dyck/Bernhard Wurth: „Immer Tochter der Luft". Das gefährliche Leben der Effi Briest. In: Psyche. Zeitschrift für Psychoanalyse und ihre Anwendungen. 39. Jgg., Heft 7, Stuttgart 1985

Horst Albert Glaser: Theodor Fontane. Effi Briest. Im Hinblick auf Emma Bovary und andere. In: Romane und Erzählungen des bürgerlichen Realismus. Hrsg. H. Denkler. Stuttgart 1980

Theodor Fontane 1819–1969. Stationen eines Werkes. Hrsg. v. W. Migge. Stuttgart 1969 (Sonderausstellung des Schiller-Nationalmuseums Marbach, Katalog Nr. 20)

Elisabeth Hamann: Theodor Fontane „Effi Briest". München 1979 (Interpretationen für Schule und Studium)

Cordula Kahrmann: Idylle im Roman: Theodor Fontane. München 1973

Georg Lukács: Der alte Fontane. In: Werke Bd. 7, 1964
Dirk Mende: Frauenleben. In: Fontane aus heutiger Sicht. Hrsg. von H. Aust. München 1980
Ingrid Mittenzwei: Die Sprache als Thema. Untersuchungen zu Fontanes Gesellschaftsromanen. Bad Homburg/Berlin/Zürich 1970
Roy Pascal: The German novel. Studies. Manchester 1956
K. Richter: Poesie der Sünde. Ehebruch und gesellschaftliche Moral im Roman Theodor Fontanes. In: Formen realistischer Erzählkunst. Festschrift Ch. Jolles
Heinz Schlaffer: Das Schicksalsmodell in Fontanes Romanwerk. Konstanz und Auflehnung. In: GRM 47/1966
Peter-Klaus Schuster: Theodor Fontane: Effi Briest – Ein Leben in christlichen Bildern. Tübingen 1978
J. P. M. Stern: „Effi Briest“: „Madame Bovary“: „Anna Karenina“. In: The modern Language Review, Cambridge. Bd. 52/1957
Horst Tippkötter: Theodor Fontanes Zeitromane im Kursunterricht der Sekundarstufe II. In: Der Deutschunterricht, Jg. 29, Heft 4 (August 1977)
Gisela Warnke: Der Spuk als ‚Drehpunkt‘ in Fontanes „Effi Briest“. Ein Beitrag zur Strukturanalyse des Romans. In: Literatur für Leser, 1978, Heft 3, S. 214–242
Dietrich Weber: ‚Effi Briest‘ – „Auch wie ein Schicksal“. Über den Andeutungsstil bei Fontane. In: Jahrbuch des Freien deutschen Hochstifts, Tübingen 1966

4. Historischer Hintergrund

Kenneth Attwood: Fontane und das Preußentum. Berlin 1970
A. v. Boguslawski: Die Ehre und das Duell. Berlin 1896
Lothar Gall: Bismarck – „Der weiße Revolutionär“. Berlin 1980
Friedhelm Guttandin: Das Duell. In: Journal für Geschichte (1981) H. 5, S. 32–39
René König: Die Familie der Gegenwart. München 1974
Josef Mooser: Familien, Heirat und Berufswahl. Zur Verfassung der ländlichen Gesellschaft im 19. Jh. In: Heinz Reif (Hrsg.): Die Familie in der Geschichte. Göttingen 1982
Friedhelm Neidhardt: Die Familie in Deutschland. 4. Aufl. Opladen 1975
Fritz Stern: Gold und Eisen. Bismarck und sein Bankier Bleichröder. Frankfurt/Berlin 1978
Hans-Ulrich Wehler: Das Deutsche Kaiserreich 1871–1918. Göttingen 4. Aufl. 1980
Harald Weinrich: Mythologie der Ehre. In: Merkur, XXIII Jg. (1969), S. 224–239
Friedrich Zunkel: Ehre, Reputation. In: Geschichtliche Grundbegriffe. Bd. 2. Hrsg. O. Brunner, W. Conze, R. Kosellek. S. 1–63 Stuttgart 1975

5. Verfilmungen

Heinz Blumensath/Stephan Lohr: Verfilmte Literatur – literarischer Film. In: Praxis Deutsch. 10. Jg., Januar 1983, Heft 57
Rainer Werner Fassbinder: Die Anarchie der Phantasie. Gespräche und Interviews. Hrsg. von Michael Töteberg. Frankfurt a. M. 1976
Ulrich Greiner: Fontanes Bitterkeit oder Angstapparat aus Kalkül. Drei Versuche, „Effi Briest“ zu verfilmen. In: Frankfurter Allgemeine Zeitung, Nr.

249 vom 26. Oktober 1974 (Sehr anregender Vergleich der Verfilmungen)
Knuth Hickethier: Lexikon der Grundbegriffe der Film- und Fernsehsprache. In: Joachim Paech (Hg.) s. dort, S. 45–57. Diese gut lesbare, knappe Erläuterung der wichtigsten filmtechnischen Begriffe ist in bearbeiteter Form auch an anderen Stellen erschienen: Der Deutschunterricht, Heft 4/1981, Jg. 33, S. 6–27; Praxis Deutsch, 10. Jg., Januar 1983, Heft 57, S. 20–23
Joachim Paech (Hg.): Film- und Fernsehsprache. Texte zur Entwicklung, Struktur und Analyse der Film- und Fernsehsprache. (Kommunikation/Sprache – Materialien für den Kurs- und Projektunterricht), Frankfurt a.M./Berlin/München 1978
Jürgen Wolff: Verfahren der Literaturrezeption im Film, dargestellt am Beispiel der Effi-Briest-Verfilmungen von Luderer und Fassbinder. In: Der Deutschunterricht, Heft 4/1981, Jg. 33, S. 47-75 (Sehr detaillierte, informative Gegenüberstellung der beiden Verfilmungen)

6. Weitere zitierte Literatur

Christine Brückner: Wenn du geredet hättest, Desdemona. Ungehaltene Reden ungehaltener Frauen. Frankfurt/M., Berlin 1986
Horst Budjuhn: Fontane nannte sie „Effi Briest“. Das Leben der Elisabeth von Ardenne. Berlin 1985
Sigmund Freud: Hemmung, Symptom und Angst. In: Gesammelte Werke Bd. 14, S. 113ff., bzw. Studienausgabe Bd. 6, S. 227ff.
Walter Jens: Die Kunst des Lesens. In: Text und Leser. Zur Rezeption von Literatur. Stuttgart 1979, S. 117–123
Jürgen Kreft: Grundprobleme der Literaturdidaktik. Heidelberg 1977
Doris Lerche: Du streichelst mich nie. 5. Aufl. Frankfurt a.M. 1980
Horst-Eberhard Richter: Konflikte und Krankheiten der Frau. In: Familiensoziologie. Ein Reader als Einführung. Hrsg. von D. Claessens und P. Milhoffer. Frankfurt a.M. 1973, S. 293–307
Gero v. Wilpert: Sachwörterbuch der Literatur. 5. Aufl. Stuttgart 1969

Stundenblätter Deutsch für die Sekundarstufe II

Josef Häfele/Hans Stammel
Stundenblätter
Reflexion über Sprache/
Wortbedeutung und Sprechakte
Klettbuch 927471

Josef Häfele/Hans Stammel
Stundenblätter
„Don Carlos"
Klettbuch 927323

Norbert Kinne
Stundenblätter
„Dantons Tod"
Klettbuch 927411

Rainer Könecke
Stundenblätter
„Die Blechtrommel"
Klettbuch 927341

Ruth von Liebenstein-Kurtz
Stundenblätter
Hebbel „Maria Magdalene"
Kroetz „Maria Magdalena"
Klettbuch 927482

Udo Müller
Stundenblätter Lenz/Brecht
Der Hofmeister
Lenz/Kipphardt Die Soldaten
Klettbuch 927171

Udo Müller
Stundenblätter
„Wallenstein"
Klettbuch 927231

Willi-Klaus Nawrath
Stundenblätter
„Faust Teil I und II"
Klettbuch 927451

Reinhard Tschapke
Stundenblätter Heiner Müller:
„Der Lohndrücker"/„Die Schlacht"/
„Philoktet" u. a. Stücke
Klettbuch 927322

Adelheid Petruschke
Stundenblätter
Lyrik von der Klassik
bis zur Moderne
Klettbuch 927441

Rainer Siegle
Stundenblätter
„Emilia Galotti"
Klettbuch 927261

Uwe Stamer
Stundenblätter
„Literatur des Mittelalters"
Klettbuch 927211

Uwe Stamer
Stundenblätter
„Die Verwandlung"/„Das Urteil"
Klettbuch 927271

Rainer Werner
Stundenblätter
Psychoanalyse und Literatur
Klettbuch 927431

Jürgen Wolff
Stundenblätter
„Der Untertan"
Klettbuch 928411